伟大的博物馆·少年版

# 开罗埃及博物馆

刘雨尘 李 敏 编著

河北出版传媒集团
河北教育出版社

图书在版编目（CIP）数据

开罗埃及博物馆 / 刘雨尘，李敏编著 . -- 石家庄：河北教育出版社，2023.8
（伟大的博物馆：少年版）
ISBN 978-7-5545-7693-9

Ⅰ.①开… Ⅱ.①刘…②李… Ⅲ.①博物馆—开罗—少年读物 Ⅳ.① G269.411-49

中国国家版本馆 CIP 数据核字（2023）第 043896 号

| 书　　名 | 开罗埃及博物馆 |
|---|---|
|  | KAILUO AIJI BOWUGUAN |
| 编　　著 | 刘雨尘　李　敏 |
| 出 版 人 | 董素山 |
| 总 策 划 | 贺鹏飞 |
| 责任编辑 | 孙亚蒙 |
| 特约编辑 | 刘文硕　王兰英 |
| 装帧设计 | 鹏飞艺术 |

| 出　　版 | 河北出版传媒集团 |
|---|---|
|  | 河北教育出版社　http://www.hbep.com |
|  | （石家庄市联盟路 705 号，050061） |
| 印　　制 | 天津丰富彩艺印刷有限公司 |
| 开　　本 | 710 mm × 1000 mm　1/16 |
| 印　　张 | 7 |
| 字　　数 | 87 千字 |
| 版　　次 | 2023 年 8 月第 1 版 |
| 印　　次 | 2023 年 8 月第 1 次印刷 |
| 书　　号 | ISBN 978-7-5545-7693-9 |
| 定　　价 | 28.00 元 |

版权所有，侵权必究

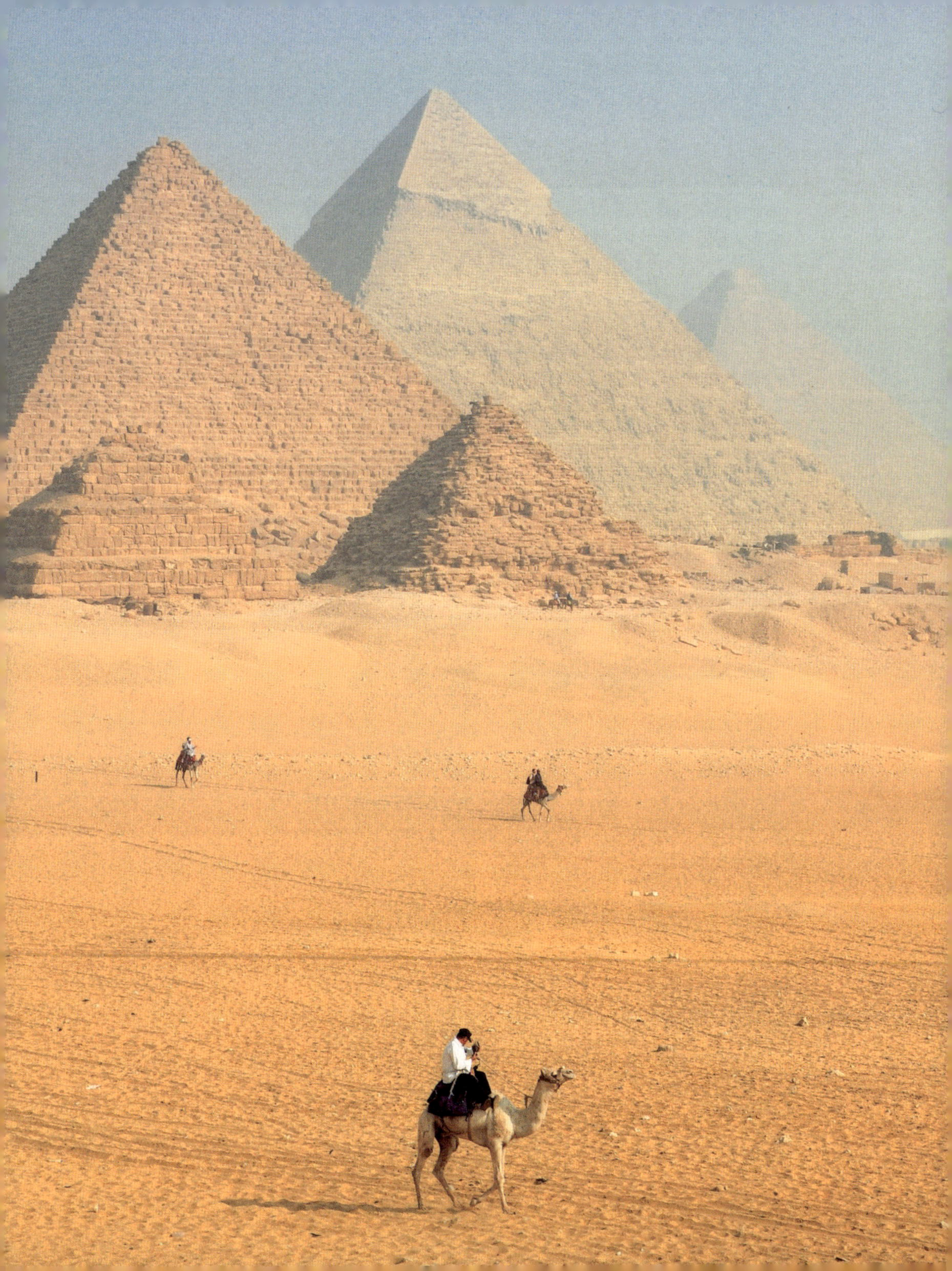

# 写给读者的话

杭 间

中国美术学院教授 博士生导师
中国美术学院艺术博物馆群总馆长
全国高校艺术博物馆联盟副理事长

博物馆现在有了全新的定义。从过去仅对奇珍异宝的展示，到今天提倡的文化多元共生的平等交流，博物馆已经成为各国公众最重要的文化参与和交流的场所。这使得博物馆的功能被大大拓展了。

过去我出国考察，博物馆是必去之处，即使时间有限也尽量赶去。后来，由于参与筹建清华大学艺术博物馆和中国美术学院中国国际设计博物馆，我有机会参访了世界上许多著名的艺术博物馆和设计博物馆。那一座座历经岁月磨洗的博物馆建筑，一件件雕塑、绘画杰作以及设计史上的名作，都给我留下了难以磨灭的记忆。

从亚历山大时期建造的第一座珍藏古器物的博物馆，到文艺复兴以及后来所建造的每一座伟大的博物馆，它们都有着独特的起源和历史。从巴黎的卢浮宫到伦敦的大英博物馆，从圣彼得堡的艾尔米塔什博物馆到纽约的大都会艺术博物馆……都是绵长的历史文化的缩影和人类文明再现的文化地标。它们静默不语，却承载着人类艺术的奇迹，成为当代人与历史交流的桥梁和纽带。

现实博物馆的参观总有其局限性。每次我都仔细选择那些印制精良的出版物，不管它们多沉，哪怕航班托运超重，我也要设法带回来。

现在，我们在引进出版了《伟大的博物馆》系列的基础上，又聚焦少年群体，组织编写了《伟大的博物馆·少年版》系列。该系列图书不囿于博物馆本身，在内容编写上融合了博物馆与相关国家、城市的历史文化背景，以及艺术作品与其社会文化背景，使艺术与历史、与文化融为一体。读者既可以欣赏艺术，又可以通过历史叙述思索更多的问题。该系列图书不是简单的艺术普及，而是希望能够帮助少年读者拓宽艺术视野，提高艺术修养，融入世界艺术的大环境之中。因此，出版该系列图书是一件非常有价值的事情。

世界文化尊重多元，这是一个大趋势。在全球化遭遇暂时挫折的时候，中国的少年一代应在中华民族伟大复兴的征程上吸纳世界文化的精华，通过著名博物馆的作品进一步了解西方的文化和艺术，思考中国文化的未来。这样的美育教育对少年来说是非常必要的。

因此，我祝贺该系列图书的出版，并希望其能够成为少年的良师益友，帮助他们放眼未来。

| ود البرلمانية | مالوش حق
| د البرلمان منذ | سيطرة عالطيا
| عدد كبير من ال | ابق طيارين أبط
| اط الدبلوماسي الب | بعد ما خرجت عن
| ارات رؤساء الدول لل | ثبت وكانت بدأت ترتفع
| سعودية وتوجو وفرنسا | ة تنقسم 6 حتت.
| وبلغ إجمالي زيارات رؤس | ومع دلك من أول لحظة.
| كان ٤٠,٤٠ زيارات, ۲۰۰ | يمين وبعدين نزلت من ۰۰
| ول غربية وأجنبية, فيما بل | واصفة. هدف واحد على الرا
| رلمانية للبرلمان المصرى ت | ۱۰۰۰۰ خلل الطيارة حتت
| نفت مشاركة الوفود ال | ۷ درجة. لو كانت الطيارة ف
| ارج نحو ١٣٠ بف | ممكن تنجح محاولات الطيا
|  | موش مسوئلة وطائرة رجالة

# 目　录

002　揭开古埃及文明的面纱

004　开罗埃及博物馆是什么？

005　被黄沙掩埋的文明

011　古埃及文物的宝库

016　古埃及文明的再发现

022　考古学家的努力

028　使命的传承

034　开罗埃及博物馆有什么？

036　纳尔迈调色板

042　美杜姆雁群图

048　拉胡泰普和奈菲尔特的双人雕像

054　书吏像

062　卡乌伊特石灰岩石棺

068　埃及士兵与努比亚弓箭手

074　刻有祭拜阿顿神场景的浮雕

080　图坦卡蒙黄金面具

086　皮努杰姆一世的亡灵书

092　年轻女子的肖像画

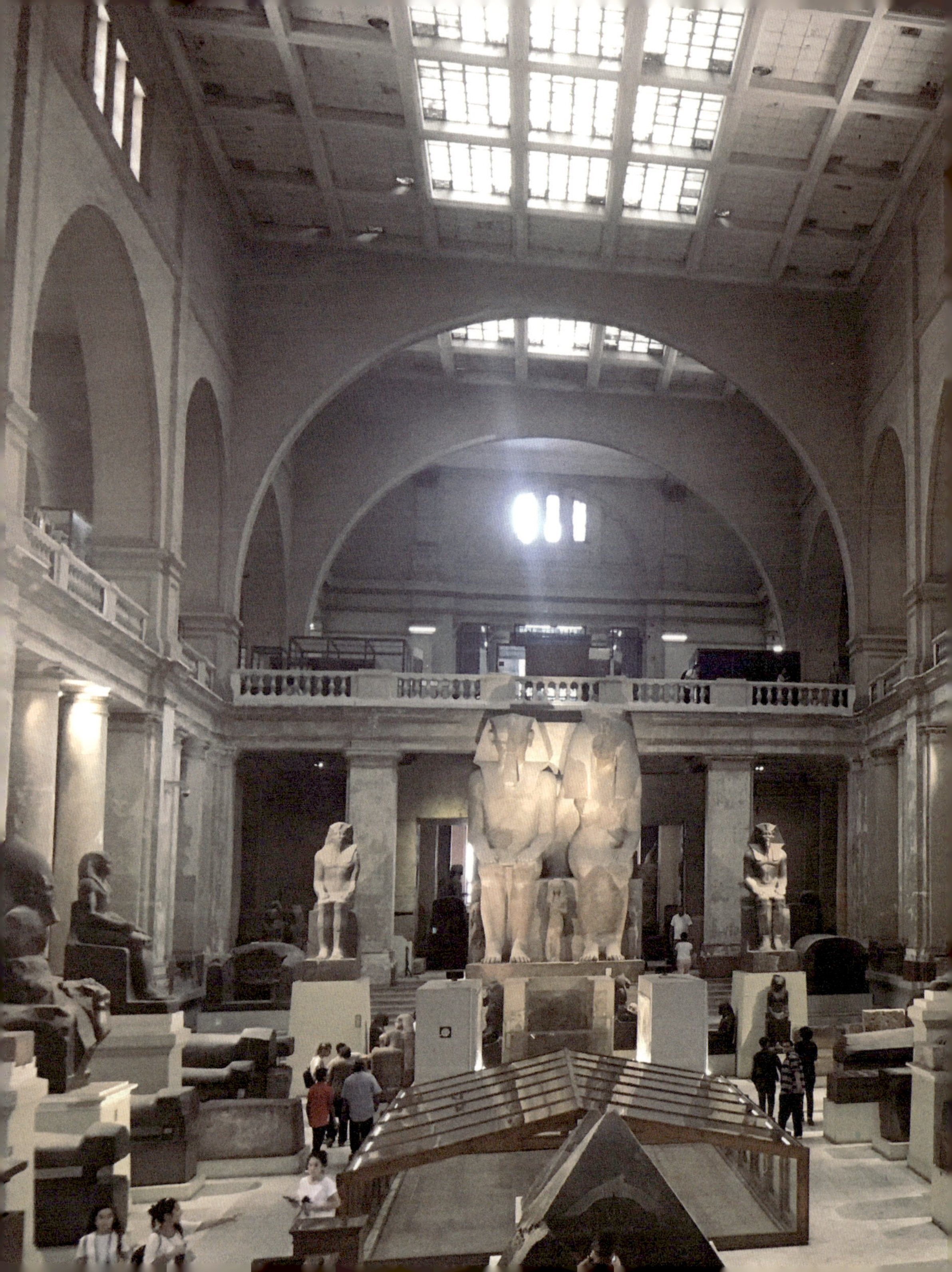

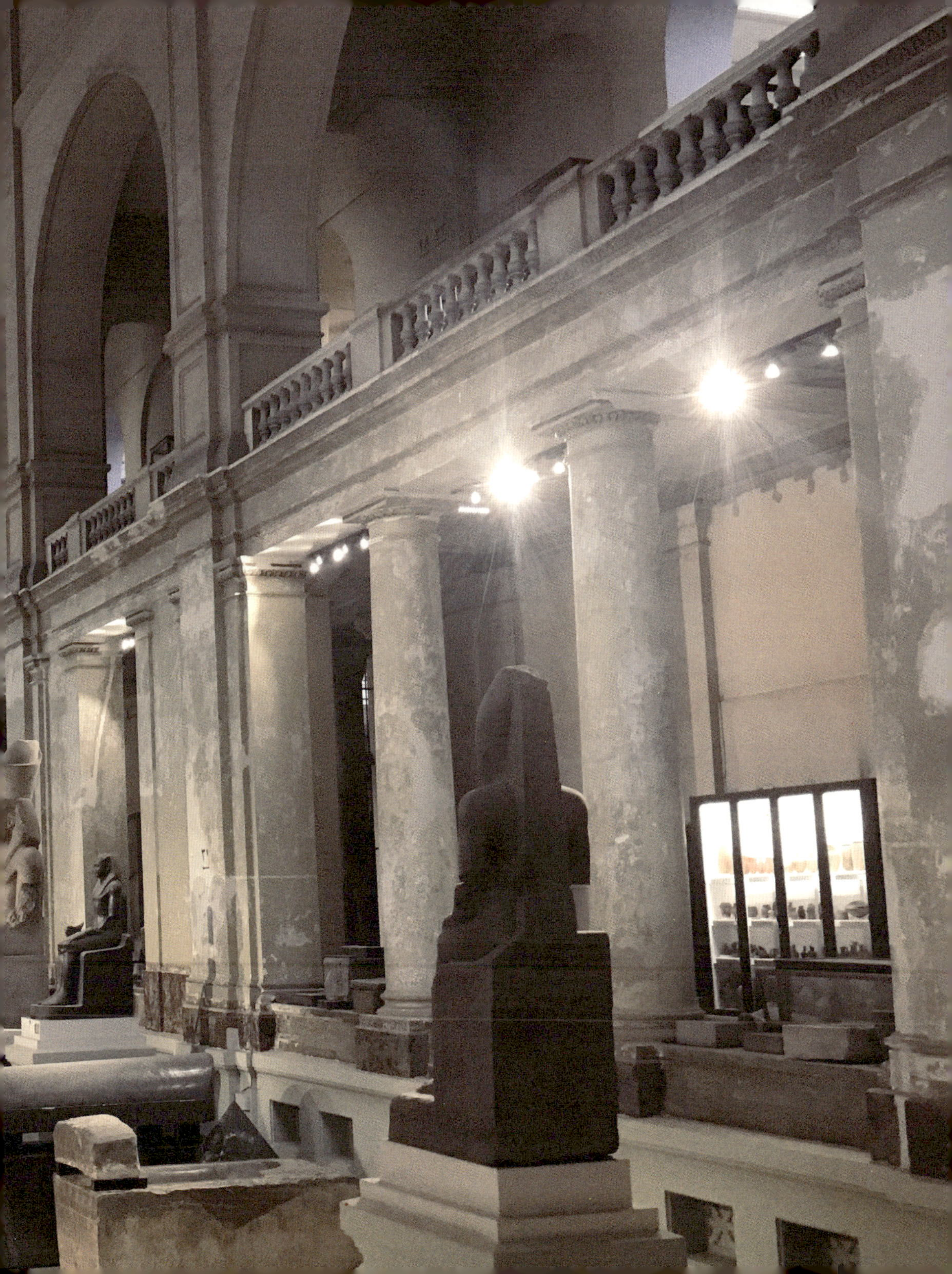

# 揭开古埃及文明的面纱

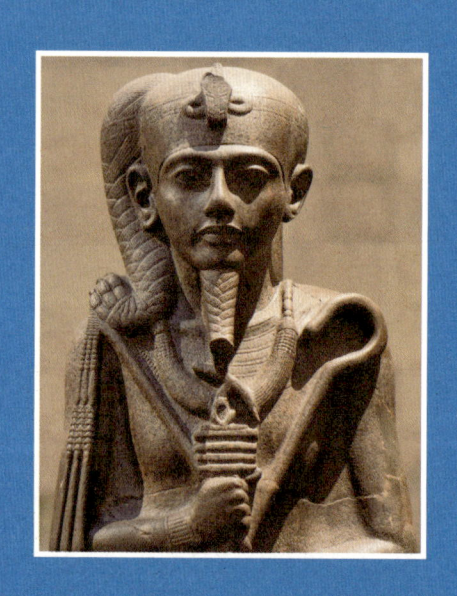

"古埃及"——听到这个名词,你会想到什么?是炽热太阳光的炙烤,还是连绵起伏的无尽沙漠?是无数巨大砖块垒砌而成的金字塔,还是让人不免有些害怕的木乃伊?没错,这些都是古埃及的象征,但远远不是它的全貌。

5000多年前,古埃及人在尼罗河沿岸建立起强大的帝国,创造了灿烂的文明。在漫长的时间长河中,王朝不断更迭,国家由盛转衰,最终被罗马帝国吞并,历史由此中断,文字无人能识,宏伟的神庙和宫殿被岁月和风尘所侵蚀掩埋。

200多年前,一群热爱探索和发现的考古学家从欧洲出发,跨过阿尔卑斯山,渡过地中海来到埃及,希望在沙漠中找到那个存在于古书和神话中的古文明。经过数十年的发掘,古埃及的神秘面纱逐渐被揭开,大量由宝石和黄金制成的精美文物不断出土,高大的神像和方尖碑在瓦砾中重现,这个传说中的文明终于重见天日,震惊了世人。为了让后人能亲眼看见古埃及文明存在的证据,考古学家在埃及的首都开罗建立了一个博物馆,将最重要的考古发现运往那里保存并向世人展示,这就是今天的开罗埃及博物馆的前身。

星河流转,物是人非。虽然古埃及人不能和我们交谈,但是他们留下的这些文物却能"开口说话"。在本书中,我们从博物馆大量的藏品中选择了具有代表性的文物,向读者展示古埃及人的生活。让我们一起神游在尼罗河畔,听听这些千年前的古物所讲述的故事吧。

# 开罗
## 埃及
### 博物馆
#### 是什么?

## 被黄沙掩埋的文明

在炎热而古老的非洲大陆东北角，流淌着世界上最长的河流——尼罗河！它全长约 6670 千米，起源于湖泊众多的东非高原，然后横穿寸草不生的撒哈拉沙漠，流入蔚蓝的地中海。

在亚洲，黄河孕育了璀璨的华夏文明，而在非洲，尼罗河流域诞生了伟大的古埃及文明。古埃及的人们一直生活在从南向北流淌的尼罗河两岸，他们在这里耕作渔猎，繁衍生息。7000 多年前，人类在尼罗河的下游定居下来，建立城镇居住。公元前 3000 年左右，尼罗河上游的国家上埃及的统治者美尼斯率领军队征服了位于尼罗河下游的国家下埃及，建立了统一的古埃及王国。它前后历时千年，一共经历了 33 个王朝。在这段漫长的岁月里，古埃及拥有过辽阔的版图、众多的人口和强大的军队，金字塔和神庙正是在这个时候建成的。

尼罗河有定期泛滥的特点，洪水过后，会留下一层厚厚的河泥，使土地变得肥沃。古埃及人发现这个规律之后，根据尼罗河水位的涨落，开发出了相应的耕作方式，有效地利用了富有营养的河泥，获得了一年又一年的丰收。因此，尼罗河在古埃及人心中具有和太阳一般神圣的地位。现代埃及人也不断尝试着利用尼罗河的水力资源，最为著名的就是建设于 20 世纪 60 年代的"阿斯旺高坝"。大坝坝顶长 3830 米，坝基宽 980 米，最大坝高 111 米，虽然花费了约 4.5 亿英镑，但是它为埃及合理利用水资源提供了保障，并带来了巨大的经济效益，对尼罗河水位的调节亦成效显著。

尼罗河流域

在古埃及王朝末期，因为国家实力衰弱、战乱不断，古埃及王国先后被临近的波斯帝国、古罗马帝国、阿拉伯帝国入侵。这些对古埃及虎视眈眈的国家在侵占古埃及国土的同时，也冲击着历史悠久的古埃及文化。公元7世纪时，阿拉伯人占领埃及并在这里传播伊斯兰文化，从此能够阅读古埃及象形文字的人越来越少，古埃及的神话故事也逐渐被人遗忘，曾经辉煌灿烂的文明被掩埋在了风沙中。今天生活在埃及的绝大多数人为阿拉伯人，信仰伊斯兰教，因此它的国名也在1971年被改为现在的"阿拉伯埃及共和国"。古埃及文明没能如中华文明一般延续至今，最终失去了它的传承者，被封存在黄沙之中，这就是我们在提到古埃及文明时要加一个"古"字的原因。

尼罗河沿岸的风景

开罗埃及博物馆外景

幸运的是，考古学家们通过考古发掘，在黄沙和泥土中找到了古埃及人留下的珍贵文物，通过对这些文物的研究，了解了古埃及的历史。后来，考古学家将这些搜集来的遗物，统一收藏在一个地方向参观者展示，并告诉大家它们背后的历史故事，这个地方就被称为博物馆。如今，世界上收藏古埃及文物最多的地方，就是位于埃及首都开罗的埃及博物馆，人们也称之为"埃及古物博物馆"。

→ 开罗埃及博物馆内景

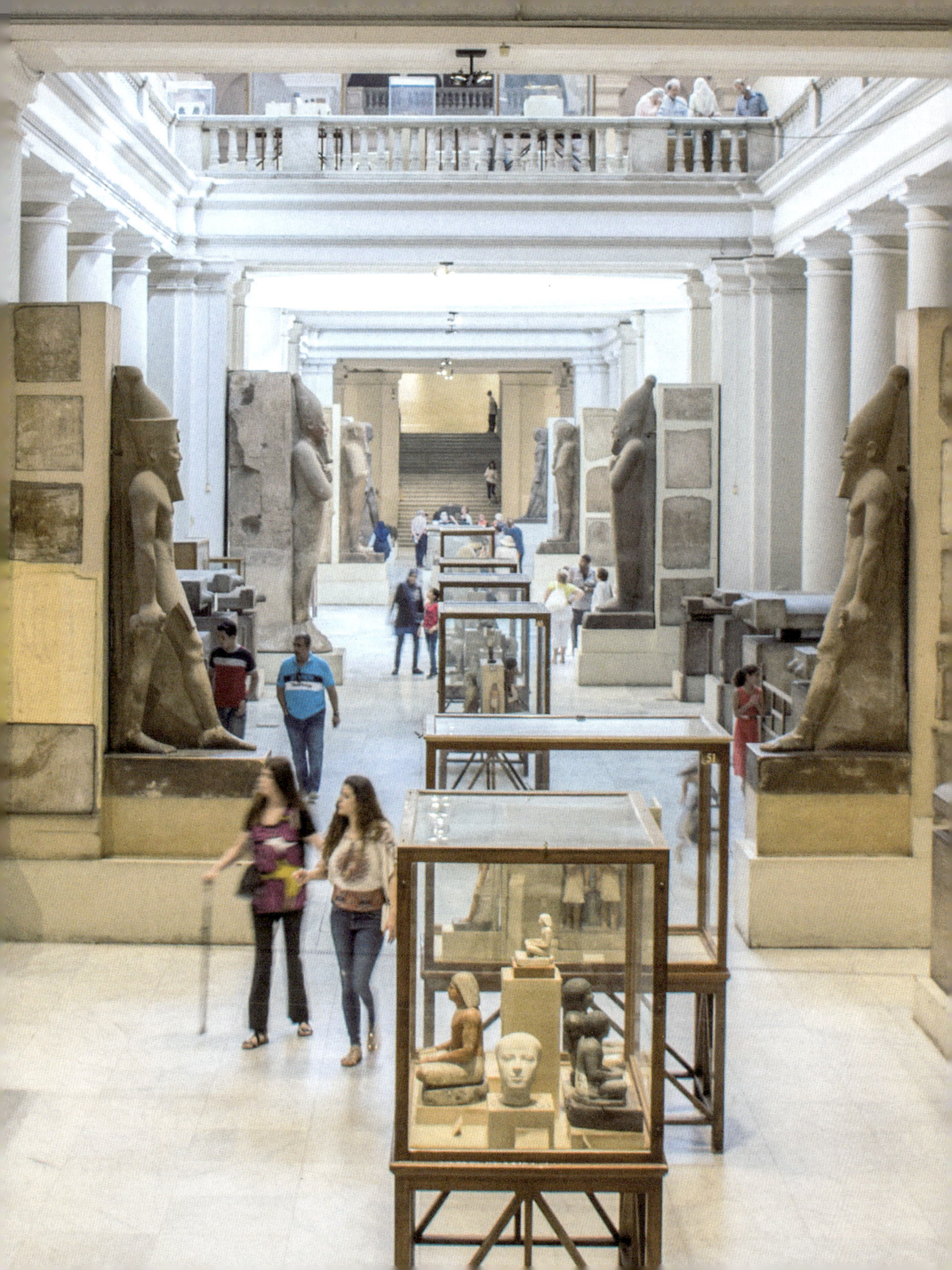

埃及金字塔

## 古埃及文物的宝库

在埃及首都开罗解放广场的北边，坐落着一幢土红色建筑，这就是开罗埃及博物馆。

开罗埃及博物馆里存放着超过 30 万件文物，其中约有 6.3 万件对外展出。开罗埃及博物馆的藏品不仅数量众多，而且极为珍贵。目前来看，全世界任何一个博物馆的古埃及文物收藏都无法与之相比！即使是世界上著名的大英博物馆，相比之下也黯然失色。可以说，这里是古埃及文明最大的宝库，全面地展现了古埃及数千年的历史，代表了古埃及艺术的伟大成就。

虽然开罗埃及博物馆藏有大量的文物，但由于建设时间早，它本身的面积并不大，仅有上下两层，中间由楼梯连接。走进博物馆，一楼的展厅按照时间顺序，陈列着从古埃及史前时代、古王国时期、中王国时期、新王国时期到后来罗马统治时期的文物。顺着展柜观赏各个时期的文物，古埃及几千年的历史仿佛在我们眼前徐徐展开。通过壁画、石碑、浮雕以及各式各样的工艺品和生活用具，古埃及人日常生活的点点滴滴，还有历史上的重大事件，都展现在我们面前。博物馆的二层是专题展厅，管理人员将同一墓葬中出土的文物放在一起集中展出，黄金和宝石铸造的各种随葬品宣示着法老的权威和尊贵，以及他们对来世的期望。著名的法老图坦卡蒙墓中出土的纯金面具和棺椁就存放在这里。

012

清点家畜模型
出土于德尔巴赫里，麦克特瑞之墓
第十二王朝，阿蒙涅姆赫特一世（前1994—前1964）
高55cm，长173cm，宽72cm　木质彩绘
藏于开罗埃及博物馆

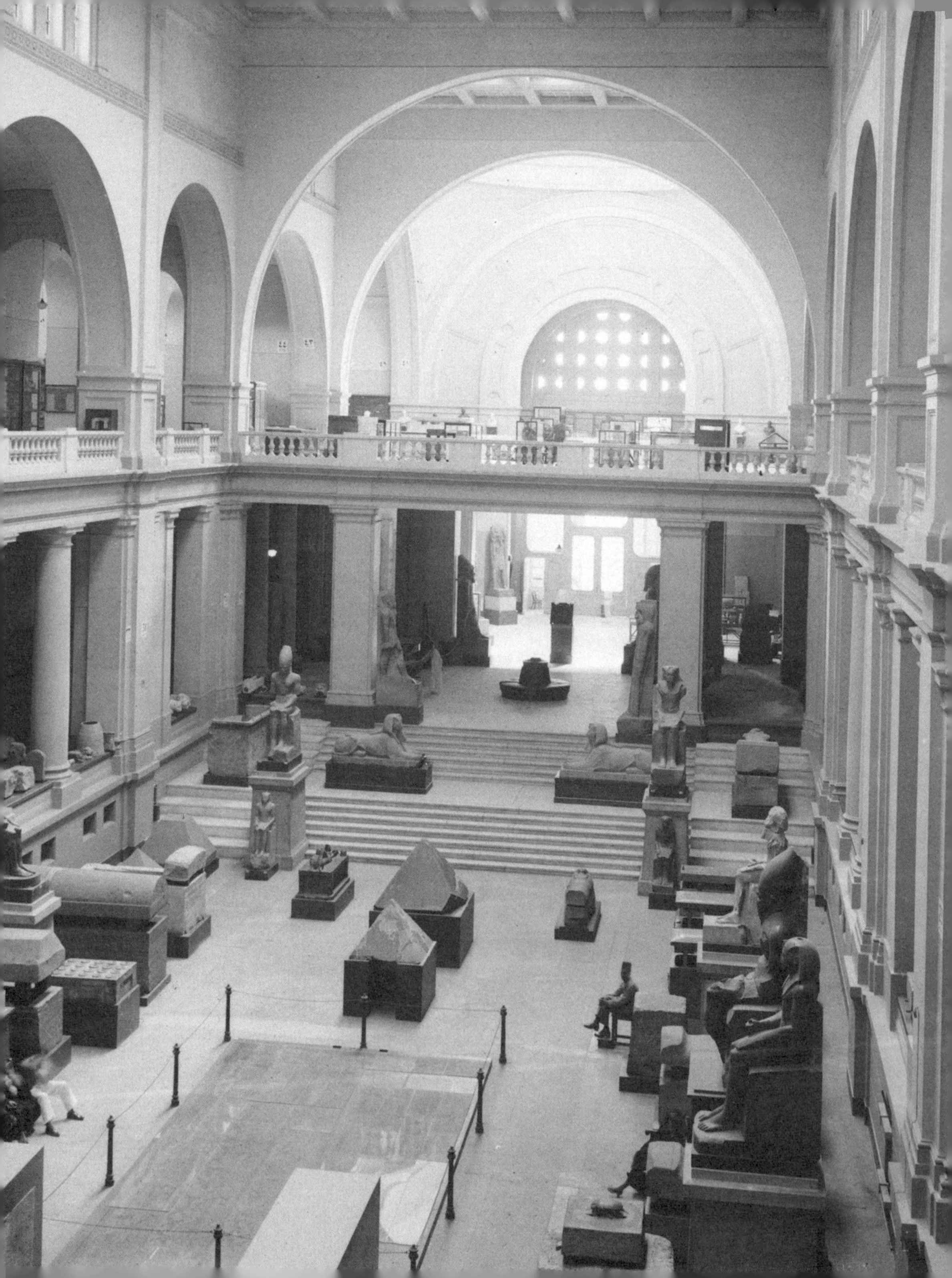

开罗埃及博物馆内景

## 小链接

　　古埃及人称呼自己的国家为"黑土之地",或者"泛滥之国"。因为尼罗河泛滥带来的肥沃河泥,使得土地呈现黑色,让古埃及人年年丰收,所以他们非常骄傲地用有黑色土地的地方来指代自己的国家,而对于周边贫瘠的、没有尼罗河流经的地方,他们就称作"红土之地"。由于尼罗河非常长,流经的地方自然条件差别也比较大,所以埃及自古以来被分为上埃及和下埃及。上埃及被古埃及人称为"南部的土地",即尼罗河上游;下埃及被古埃及人称为"三角洲",即尼罗河下游和入海口的地方。上埃及和下埃及合称"两地"。

← 开罗埃及博物馆内景

## 古埃及文明的再发现

站在开罗埃及博物馆门前，我们可以看到博物馆爱奥尼亚式的大理石门柱、罗马式的半圆拱门以及方方正正的建筑外形，一眼望过去它好像是一座欧洲的建筑，和开罗市区建筑的样子大不相同。今天的开罗是一座既古典又现代的城市，是中东地区重要的政治、经济、商业中心，它拥有八百多座清真寺和最传统的伊斯兰市集，这些清真寺都有着圆圆的顶，旁边还有瘦高的宣礼塔。开罗埃及博物馆的建筑呈现出不同于开罗市区建筑的面貌，和埃及的历史有关。

虽然强大的古埃及王国曾拥有辽阔的疆域、大量的人口和财富，但在古埃及王朝末期，王室衰弱，国家实力下降，战乱不断，因此它不断被波斯、罗马、阿拉伯、奥斯曼土耳其等周边国家入侵。到了十六七世纪，古代埃及曾经的辉煌已经被沙尘掩埋，只存在于历史的记载中了。

古埃及文明重新为大众所知，和著名的军事家拿破仑有关。这位曾经威震欧洲的统治者，在 1798 年领导了一次对埃及的远征。拿破仑怀着对埃及的好奇，命令由超过 150 位文学家、科学家和艺术家组成的一支特殊的考察团队，跟随着法国大军一同前往埃及，他们要做的就是研究和记录古埃及文明和现代埃及的各个方面，书写、描绘他们在埃及的所见所闻。三年后，法国人在埃及的军事行动失败了，但他们短暂的考察却获得了大量的关注和赞扬，他们从遥远的非洲大陆带回来的木乃伊、雕像和黄金工艺品，让当时的欧洲人对这个一度被遗忘的古文明国度产生了强烈的兴趣。与此同时，英国学者在对古埃及的研究上也不甘示弱，他们从北至南走遍了埃及，发掘出了很多对了解古埃及文化十分重要的

今天的埃及

法国画家让·格罗绘制的拿破仑在埃及的场景

文物。英国学者也是第一批对古埃及文化进行系统研究的学者，在仔细地考察埃及全境之后，他们撰写出数十本的著作和图册，将大量关于古埃及的研究和图片展现在现代西方人的面前。

经过欧洲考古学家的努力，古埃及文明终于重见天日，人们这才意识到保护古埃及文物的重要性。由于一直被其他国家入侵和控制，当时的埃及人民没有能力保护古埃及留存下来的文物，只能任由它们被侵略者夺走，无数精美的墓葬品也因此被运往欧洲。这时候，一些一直进行古埃及研究的学者和关心古埃及文明的人联合起来发出声明，希望大家可以重视并保护这些文物，建立起一座属于埃及的博物馆，这也是开罗埃及博物馆建立的初衷。

开罗埃及博物馆内景

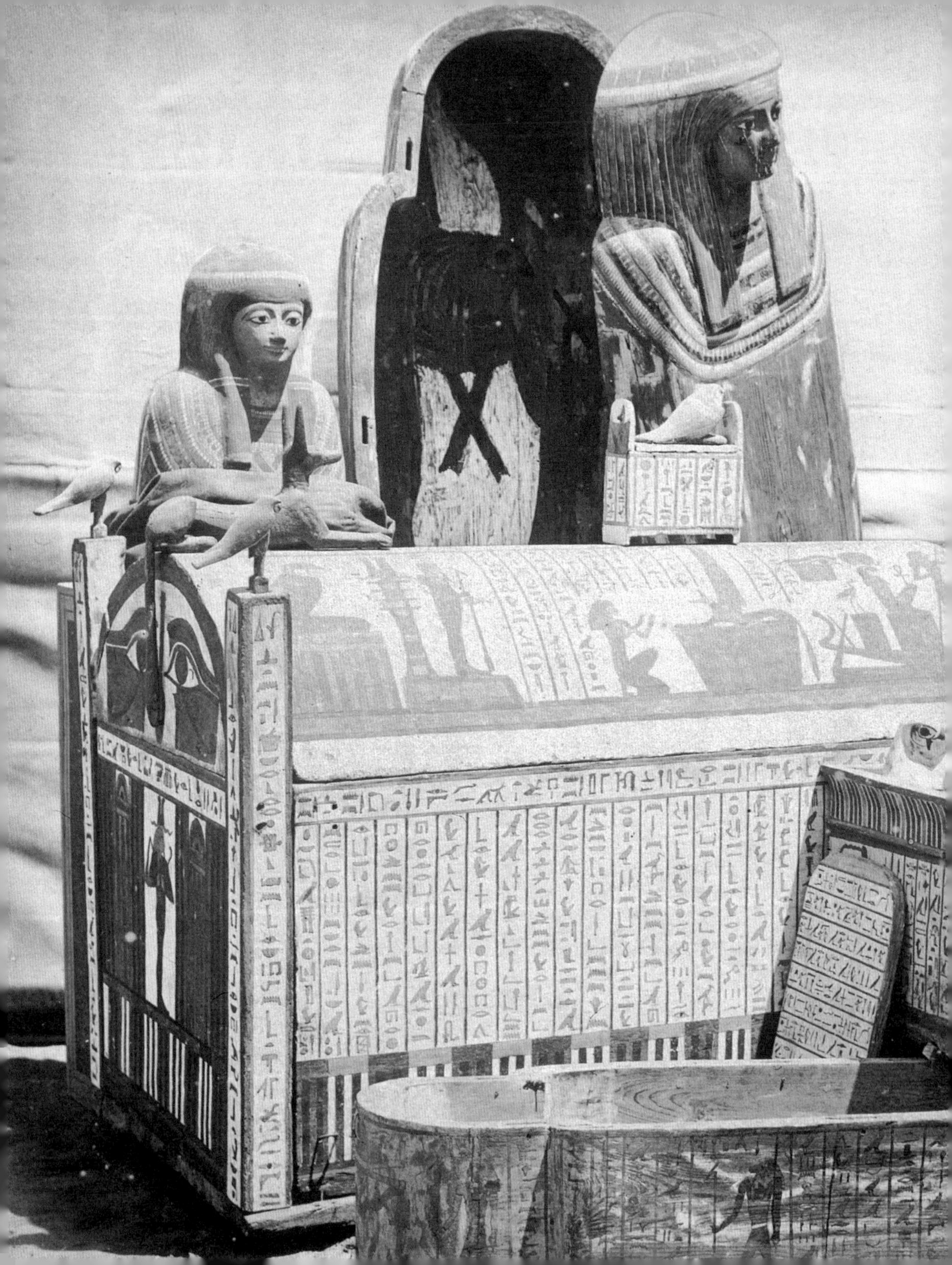

根据国际博物馆协会对博物馆的定义，博物馆应该是非营利的、为社会及其发展服务、向公众开放的永久性机构，它以研究、教育和欣赏为目的，收集、保存、研究、传播和展示人类及其环境的物证。开罗埃及博物馆也不例外。考古学家们将发掘、保存下来的与古人生活相关的物品都送到博物馆中，在那里对它们进行研究、存储和展示，向所有来参观的人讲述这些物品和古代人类的故事。

开罗首家博物馆影集中的雕像照片

## 考古学家的努力

如前文所述,在古埃及文明重见天日后,学者们开始呼吁建立博物馆保护这些珍贵的文物,普通民众也逐渐意识到古埃及文物的重要性。在学者和民众的共同努力下,埃及当时的统治者只好妥协,他们颁布法律,禁止出口文物的行为,并建立了一座博物馆将文物集中起来。但在随后的数年中,这些统治者将这座博物馆视为私人财产,仍偷偷地把大量的文物送到国外以换取财富,最后博物馆变得空空如也,只好关门。

法国考古学家马里埃特(1821—1881)可以说是开罗埃及博物馆建设的最大功臣。1850年,他受法国卢浮宫委派前往埃及进行考古挖掘,并成功地发掘出了一些遗迹。在埃及的考古经历让他意识到,古埃及的文化遗产正在被大规模地掠夺和破坏,对它们的保护迫在眉睫!但是马里埃特个人的力量太小,凭他自己无法改变现状,只好等待时机。终于,马里埃特等到了一个机会:他作为考古专家陪同拿破仑三世的堂弟拿破仑亲王游历埃及,在旅途中他努力说服这位亲王,借助法国皇家的力量让埃及政府保护文物。在马里埃特的努力下,1858年,埃及设立了文物局,马里埃特成了局长。在他的领导下,许多重要的古埃及遗址得到了发掘和保护,文物被集中起来运往当时位于布拉克的博物馆。不幸的是,这座博物馆所处的位置离尼罗河太近,1878年,尼罗河的泛滥使得博物馆受灾,许多文物在水灾中丢失了,马里埃特只好寻找新的地方来建造博物馆。1881年,为埃及文物保护事业奉献半生的马里埃特与世长辞。

法国考古学家马里埃特

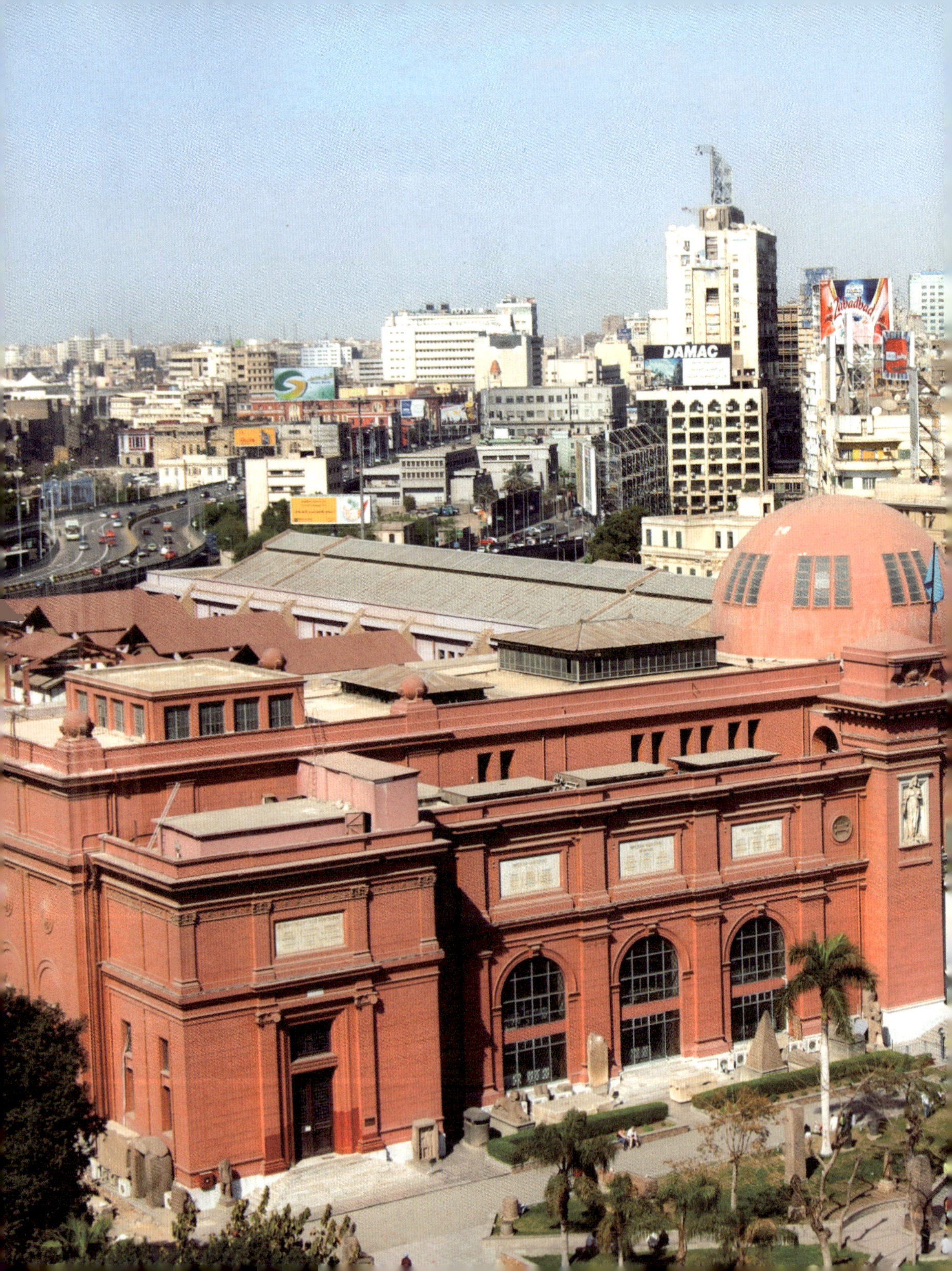
DAMAC

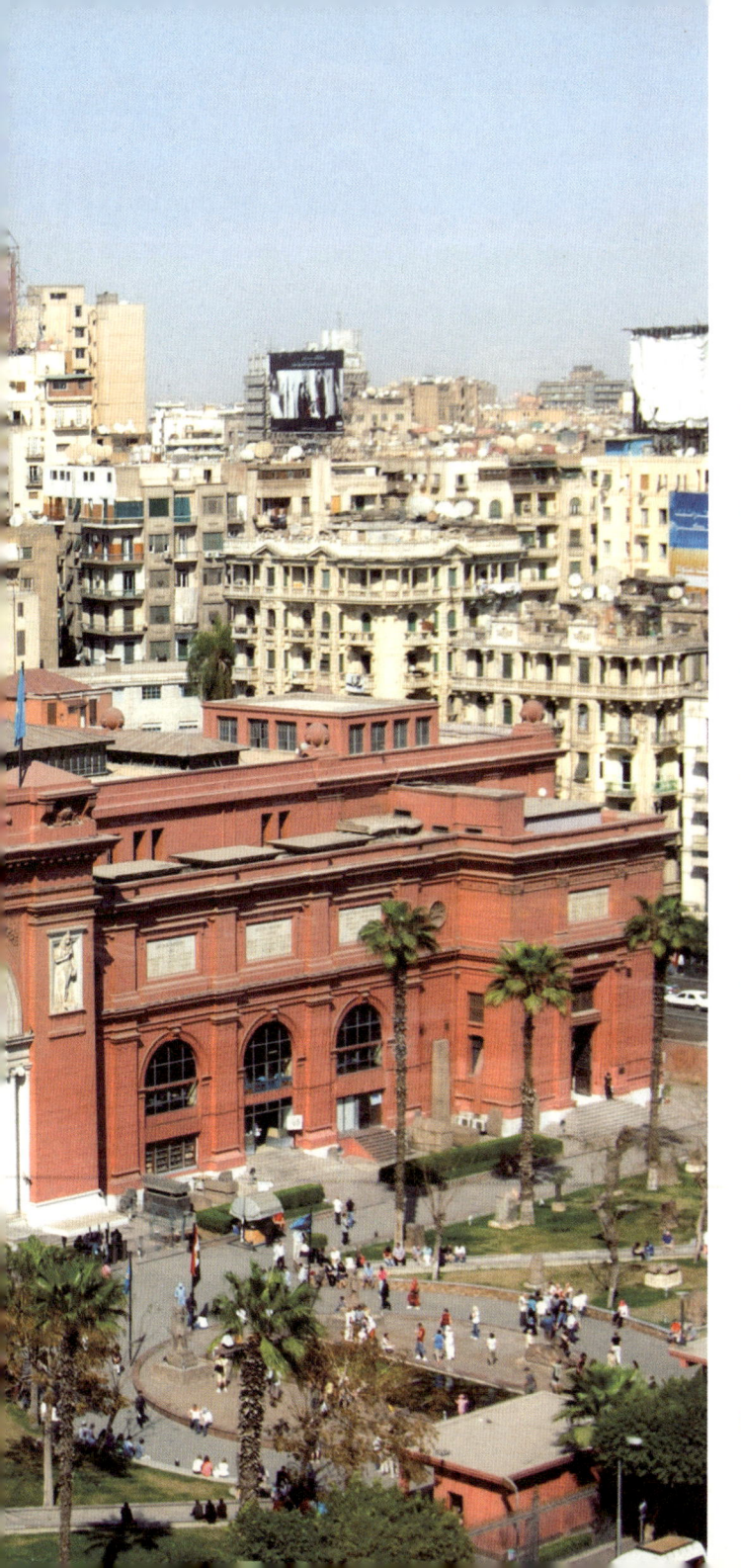

在马里埃特去世后,他的后继者们继续为建造埃及博物馆寻找新的合适的地址。几经周折,新的馆址终于确定下来,即埃及首都开罗的解放广场前。这时的埃及被英国占领,沦为英国的"保护国",而开罗埃及博物馆就是在埃及被英国统治时修建的。博物馆由法国建筑设计师马塞尔·杜尔农设计,委托给意大利的公司进行建造,因此采用了当时欧洲主流的新古典主义风格。新的博物馆于1897年正式开始动工修建,1902年正式对公众开放,这就是我们现在于开罗解放广场上看到的开罗埃及博物馆。

开罗埃及博物馆外景

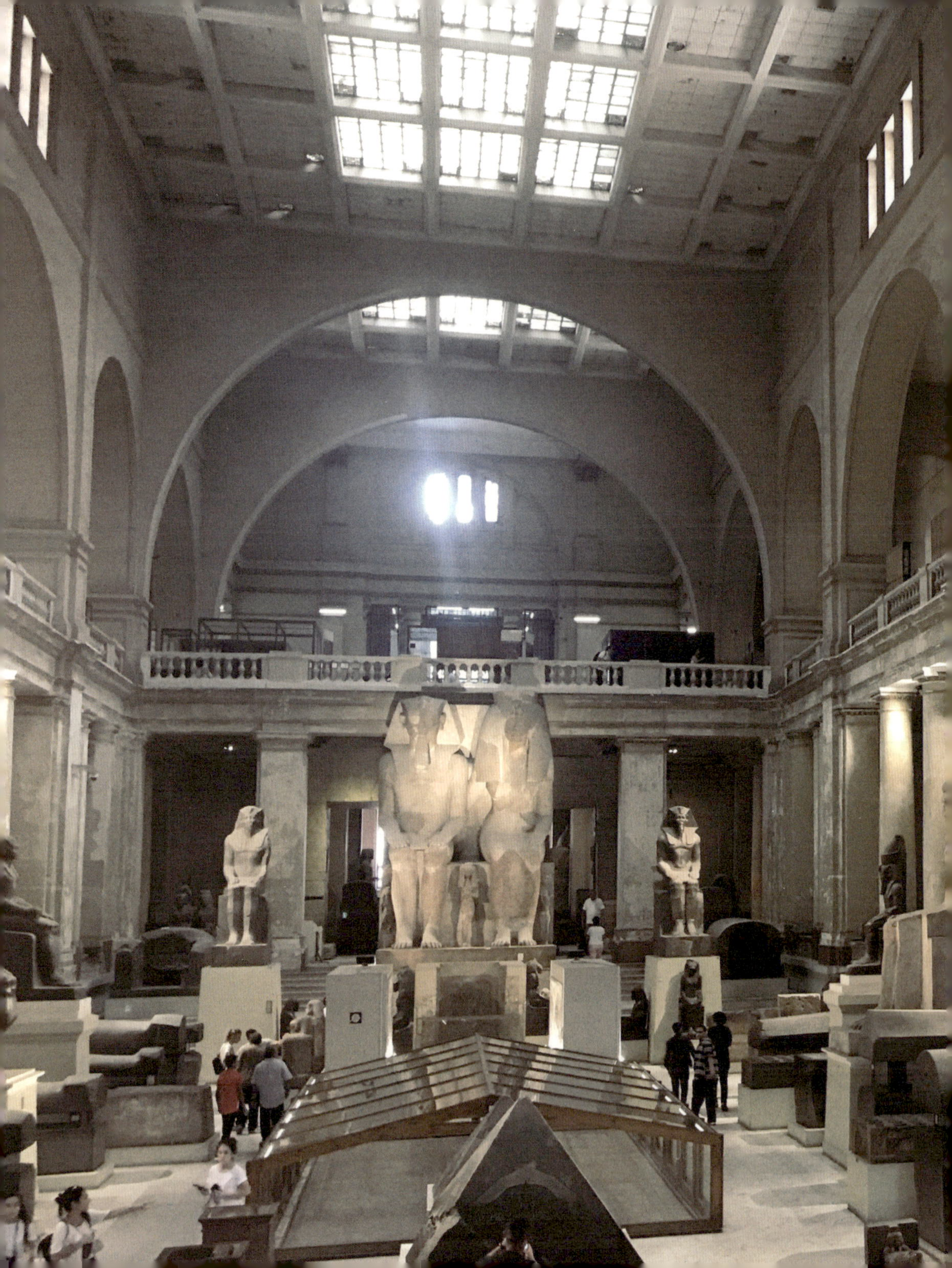

亚历山大大帝

## 小链接

据说，拿破仑远征埃及的一个原因就是他对自己的偶像亚历山大大帝的崇拜。亚历山大大帝，这位欧洲历史上最著名的将领，也与埃及有着千丝万缕的联系。在伊苏斯战役中，年仅23岁的亚历山大大帝在敌众我寡的情况下大胜波斯军队，歼灭数万敌军，波斯国王大流士落荒而逃。紧接着，年轻的亚历山大挥军南下，征服地中海南岸的埃及。当时的埃及统治者厌恶了波斯人对埃及的长年欺压，因而欢迎亚历山大的到来。亚历山大顺理成章地成了埃及的统治者，他命人在尼罗河入海口的西边建立起和自己同名的城市（后成为地中海上极为重要的港口）。亚历山大大帝英年早逝，传说他的手下托勒密将他的遗体带回了埃及，并安葬在亚历山大城。但这位传奇人物的陵墓到底在何处，至今依旧是未解之谜。

← 开罗埃及博物馆内景

027

## 使命的传承

在开罗埃及博物馆建成之后，考古学家在埃及又发掘出了许多重要的文物，因此馆内的藏品也一直在增加。1922 年，著名的图坦卡蒙墓出土的一大批珍贵文物就运到了这里进行展览。为了更好地展示这些举世闻名的瑰宝，博物馆也对其内部空间进行了调整和改变。在接纳新藏品的同时，这座历尽磨难的博物馆也没有忘记它的缔造者们。游客一进入开罗埃及博物馆，就会在庭院里看到马里埃特以及研究古埃及历史的著名学者的雕像。这些古埃及文明的守护者为发掘和保护人类文化所做的贡献将被永远铭记。

随着时间的推移和藏品的不断增加，这座久经风霜的博物馆也显得有些陈旧和拥挤。2002 年，开罗埃及博物馆迎来了自己 100 岁的生日，在这个重要的时刻，埃及政府宣布在吉萨金字塔群旁边兴建一座新的博物馆，名为"大埃及博物馆"，而之前收藏于开罗埃及博物馆的大量藏品都将迁移至新馆。为此，埃及政府举行了设计方案竞赛，收到了来自 83 个国家的 1557 份参赛方案。新的博物馆选址在胡夫金字塔西北面 3 公里左右的地方，建成之后将成为世界上最大的历史文物博物馆。在先进的科学技术和优秀的建筑设计的帮助下，它将继承开罗埃及博物馆的使命，在保护好这些历史赐予我们的珍宝的同时，更好地向来自全世界的游客展示古埃及的辉煌文明。

开罗埃及博物馆展室内的部分藏品

**大埃及博物馆设计效果图**

埃及象形文字是古埃及辉煌文明的一种。在过去，西方人不了解古埃及，就是因为读不懂那一个个像一幅小画一样的文字。在当时的埃及，只有很少一部分社会上层人士，例如祭司和书记官，懂得如何读写这些文字，他们因此可以免去辛苦的体力劳动，专心用文字记录下重要的事情。

读不懂文字，就不能明白古埃及人的想法和看法。因此，破译埃及象形文字成了当时考古学家面临的大难题。今天的我们能够对古埃及文明如此了解，都要归功于"罗塞塔石碑"和一位法国的语言天才，人称"埃及学之父"的让－弗朗索瓦·商博良。罗塞塔石碑是拿破仑军队发现的一块以希腊文、埃及象形文字和埃及通俗体文字共同书写的石碑，三种文字可以互相对照，这为象形文字的破译提供了线索。而商博良13岁时就开始学习多门语言，19岁时就成了历史学教授，这位语言天才经过多年潜心研究，终于将罗塞塔石碑的内容全部破译，总结出了埃及象形文字的一些规律和含义，给后来的研究者提供了了解古埃及文明最重要的钥匙。

→ 埃及象形文字

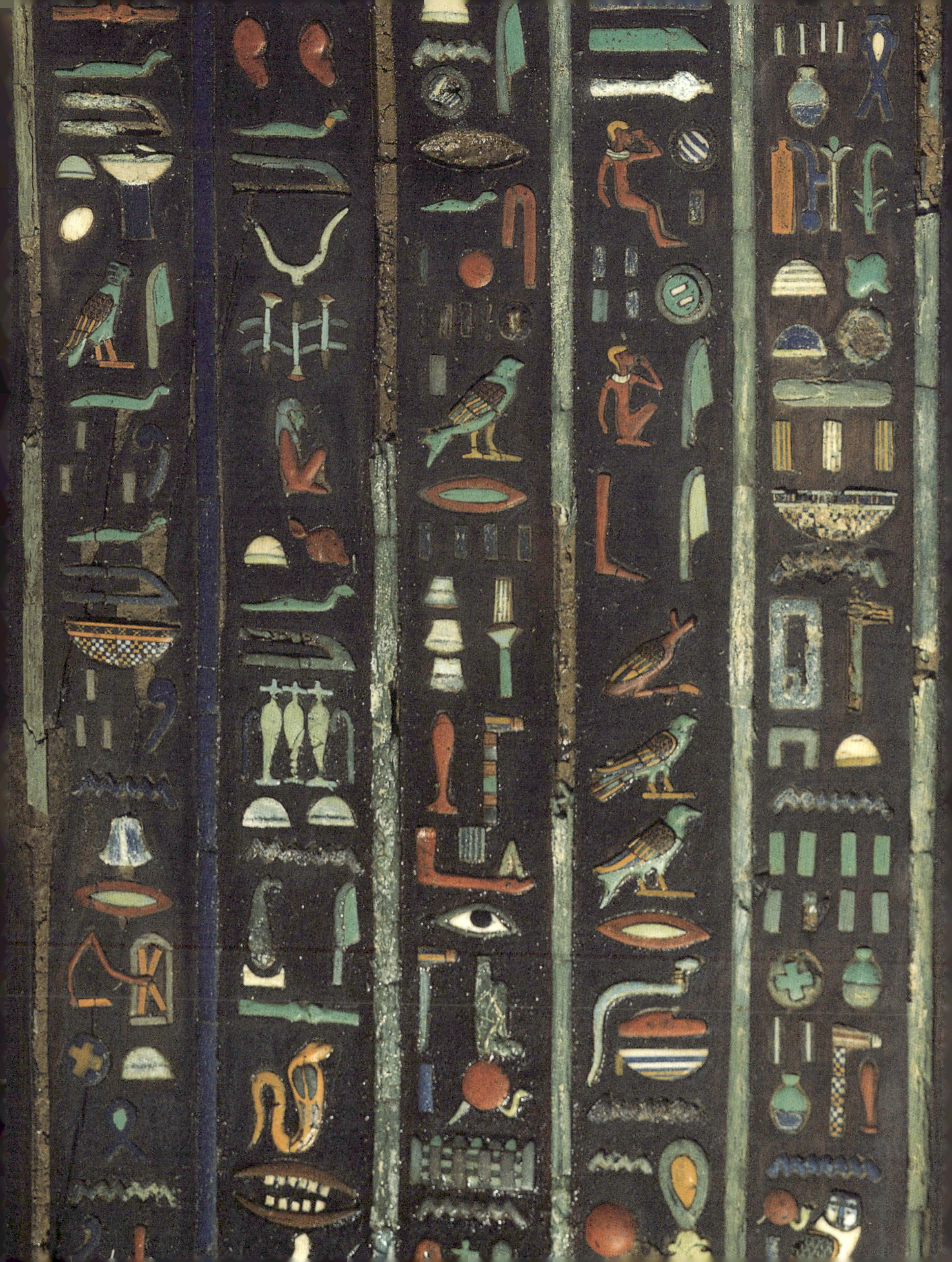

商博良

→ 罗塞塔石碑
出土于罗塞塔城
公元前 196 年　高 114.4cm，宽 72.3cm，厚 27.9cm　花岗岩
藏于伦敦大英博物馆

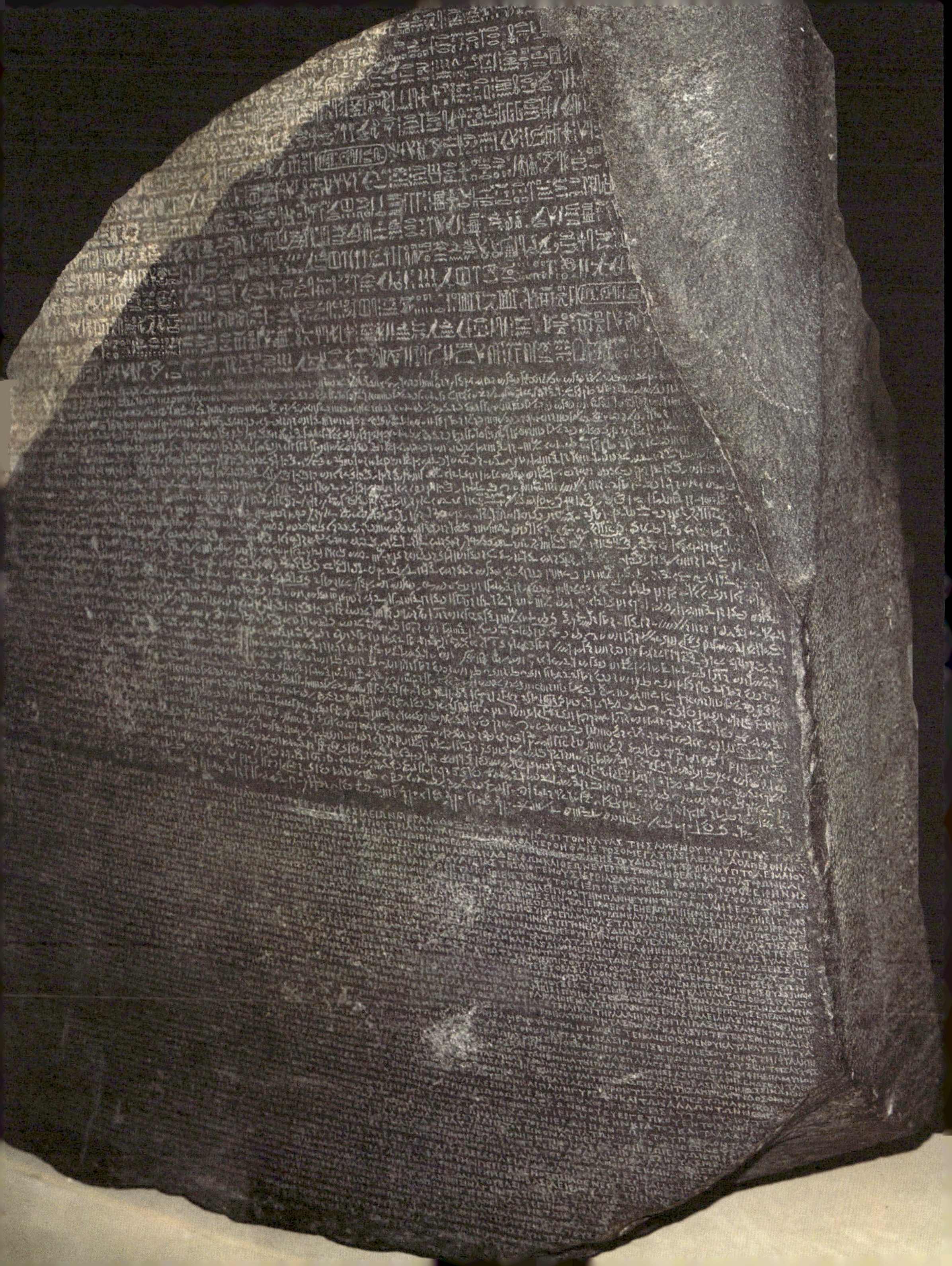

# 开罗埃及博物馆有什么？

开罗埃及博物馆内景

# 纳尔迈调色板

出土于希拉康坡里斯,荷鲁斯神庙
约公元前 3000 年
高 64cm,宽 42cm
绿色岩石

背面

正面

037

一个国家的诞生常常伴随着战争。古代的人们因为粮食、金银分配不均，或者渴望得到更多财富，互相攻打掠夺，最终的胜利者记录下自己的功绩，传之后世。古埃及王国的诞生也是如此。那时埃及还没有统一，分为"上埃及"与"下埃及"，公元前3000年左右，它们之间开战了。由于时间过于久远，只有刻在石板上的图形铭记这场大战，向人们诉说胜利者的赫赫战功。

石板上方左右各有一个带角牛头，象征女神哈索尔

纳尔迈头戴上埃及的白色王冠，一只猎鹰站在纸莎草上，爪子抓着一根绳子，牵住了"土地长出的人头"

纳尔迈调色板出土于希拉康坡里斯的荷鲁斯神庙，应该是用作祭祀的器具。雕刻家在石板背面刻出两只有着长长脖颈的狮子，它们的脖子交叉，围出一个圆圈，中间凹陷，这很像中国文房四宝中用于磨墨的砚台。它的实际作用可能也与砚台类似：古埃及人会将孔雀石或方铅矿石这样的天然材料放在石板凹陷处，将它们研磨成粉，调制成用于涂于眼部周围的涂料。

在石板的另一面，上埃及的法老（即国王）纳尔迈，头戴象征上埃及的王冠，一手拿着权杖，一手则拎着敌人的头颅，他孔武有力，身体挺直，稳稳地站立在双膝下跪的敌人面前。在埃及的绘画中，人物的高矮大小不是由他的身高决定，也不是由近大远小的透视法决定，而是由这个人的重要程度决定的。显然在这里，胜利者法老纳尔迈是最重要的人，远超他的敌人，而在纳尔迈旁边提鞋的侍从，自然就比法老和战败者都更小一些。

你如果仔细观察，就会发现纳尔迈的身体和脚有些别扭，他的身体正面朝向我们，两只脚直直地朝向同一个方向，这就是古埃及绘画的另一大特点，即刻画最容易、最明确表现事物特征的那一面。眼睛的形状从正面看最容易辨认，就画成正面的；鼻子从侧面看形状最为明显，就画成侧面的；身躯画成正面的，腿和脚则画成侧面的。这就是古埃及绘画的"正面律"。

纳尔迈头戴下埃及的红色王冠,由于地位尊贵,他比身边的人高大许多

公牛撞破城墙,践踏敌人,象征攻破敌人城市的胜利

# 美杜姆雁群图

出土于美杜姆，奈费尔玛亚特石室坟墓
约公元前 2575 年—公元前 2551 年
27cm×172cm
石膏彩绘

美杜姆雁群图来自一位古埃及王子墓中的装饰残片，它描绘了几组雁的形象，一直以来都被认为是古埃及绘画的杰作。浏览这幅画，我们可以发现画中有六只雁对称地分布在画面的左右两部分。画的最外围，两只雁以同样的姿势低头张嘴觅食。靠中间的四只雁则两只一组，以同样的站立姿势看向相反的方向。画的下缘和侧边以较淡的颜色画着一簇一簇不同种类的植物，勾勒出河边雁群的栖息地。

古埃及人偏好秩序和整齐，在他们的画里感觉不到一丝杂乱。也许古埃及画家当时面对的是一群在河边叽叽喳喳、吵闹不休的大雁，但是当他把它们的形象画在石膏板上时，一切都变得井井有条。雁群排成一列，两两一组，姿势一致，连下缘和侧边的植物也是每一簇中间的高些，两边的矮些。然而，这幅画并没有因太过整齐而失去了生气。我们如果仔细观察，就可以看到画家一丝不苟地绘出了大雁羽毛的纹理和色彩，以及它们脚和腿上的纹路，还有雁喙的形状及边缘的齿。他画得如此形象逼真，使得现代的学者可以轻易辨认出它们的种类。

这幅画大约创作于 5000 年前，画家通过认真观察，加上熟练的绘画技巧，用简洁清晰的线条呈现出尼罗河畔雁群的样子。画面中安静祥和的气氛，让看画的人内心也随之平静下来。古埃及人通过绘画祈求来世永恒、生活安宁的心愿，于这幅画中可见一斑。

灰雁

白额雁

红胸黑雁

## 小链接

  经过鸟类学家的辨认，位于画面外侧的两只鸟是灰雁，它们比图中另外两种雁体型更大，画中也是如此。画面中部，左边的一对是白额雁，它们的典型特征是嘴巴上部至额头有一圈宽阔的白斑；右边的另一对色彩更鲜艳的是红胸黑雁——雁类中最为美丽的一种，它们胸前和眼睛旁边栗红色的羽毛让我们可以一眼就辨认出来。

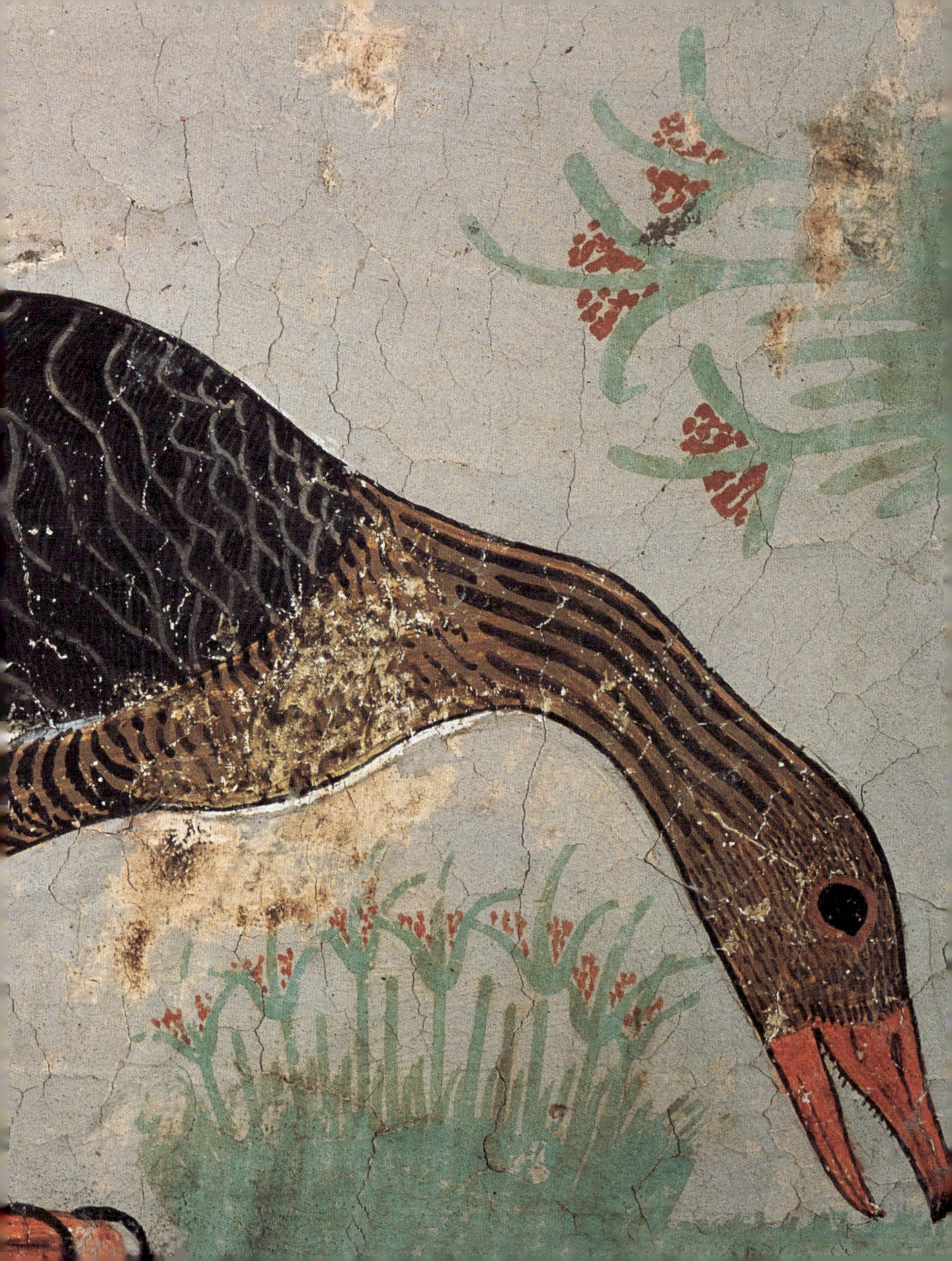

红胸黑雁的眼睛旁有栗红色的颊斑，胸部也是栗红色的

← 画作边缘体现雁群栖息环境的植物同样被画得整整齐齐

047

# 拉胡泰普和奈菲尔特的双人雕像

出土于美杜姆，拉胡泰普石室坟墓

公元前 2575 年—公元前 2551 年

左：高 121cm，右：高 122cm

石灰岩彩绘

049

1871年，考古学家马里埃特在埃及的美杜姆发现了这一组双人雕像，它们塑造的是拉胡泰普王子和他的妻子奈菲尔特王妃的形象。两人并排端坐在白色的高背椅子上，目视前方，拉胡泰普王子梳着短发，嘴唇上留着短胡须；奈菲尔特王妃身着白衣，戴着华丽的项圈和假发套（古埃及无论男女大多剃发，戴假发）。椅背上的黑色象形文字表明了二人的身份，在白色的椅背上显得特别醒目。据考古学家推测，这组雕像大约制作于4500年前。

仔细观察这对雕像，我们不难发现古埃及人的穿着习惯。由于生活在炎热的非洲北部，他们大部分时间身上穿得很少，而且衣服只有亚麻这一种材质。男人无论是法老还是平民，都是赤裸上身，下身裹着一件白色亚麻布制成的缠腰布，就像左边的拉胡泰普王子那样。古埃及女性能够选择的衣服款式也不多，只有屈指可数的几种。奈菲尔特王妃所穿的筒形连衣裙被称为"丘尼克"，简洁大方。虽然衣着较为简单，但毫不影响古埃及人的爱美之心。他们特别喜爱亮闪闪的金属饰品，并嵌入色彩鲜艳的宝石。色彩艳丽的装饰品和白色的衣着相映照，形成了独特的埃及风格。

古埃及的纺织品非常贵重，只有富人和王室成员才穿得起长裙和有花纹的织物，奈菲尔特王妃穿着的长裙不仅优雅美丽，也显示着她的地位。

→ 雕像的眼白是用不透明的石英石制成的，眼球则是用天然水晶制成的，瞳孔亦清晰可见

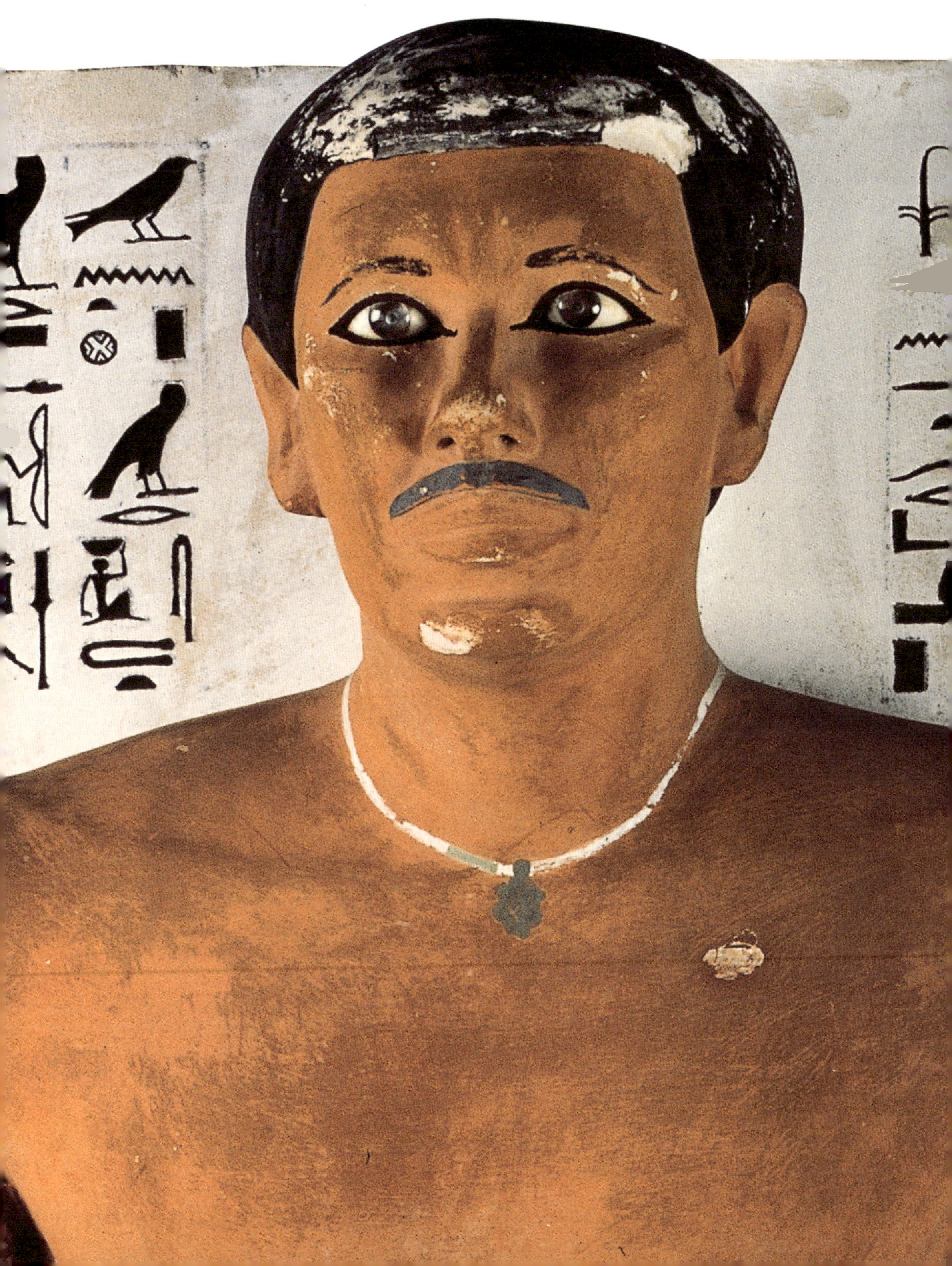

根据古埃及习俗，无论是男人还是女人，都会画上黑色的眼影，以此来保护眼睛，避免被太阳晒伤和蚊虫叮咬

拉胡泰普王子所穿的"罗印·克罗斯"是古埃及大部分男性的基本着装，在许多雕塑和壁画上都可以看到

奈菲尔特王妃脖子上戴着被称为"乌瑟克"的大项圈，最外圈有一串水滴形的宝石，使整个项圈显得时髦且华贵

# 书吏像

出土于萨卡拉
公元前 25 世纪中期
高 51cm
石灰岩彩绘

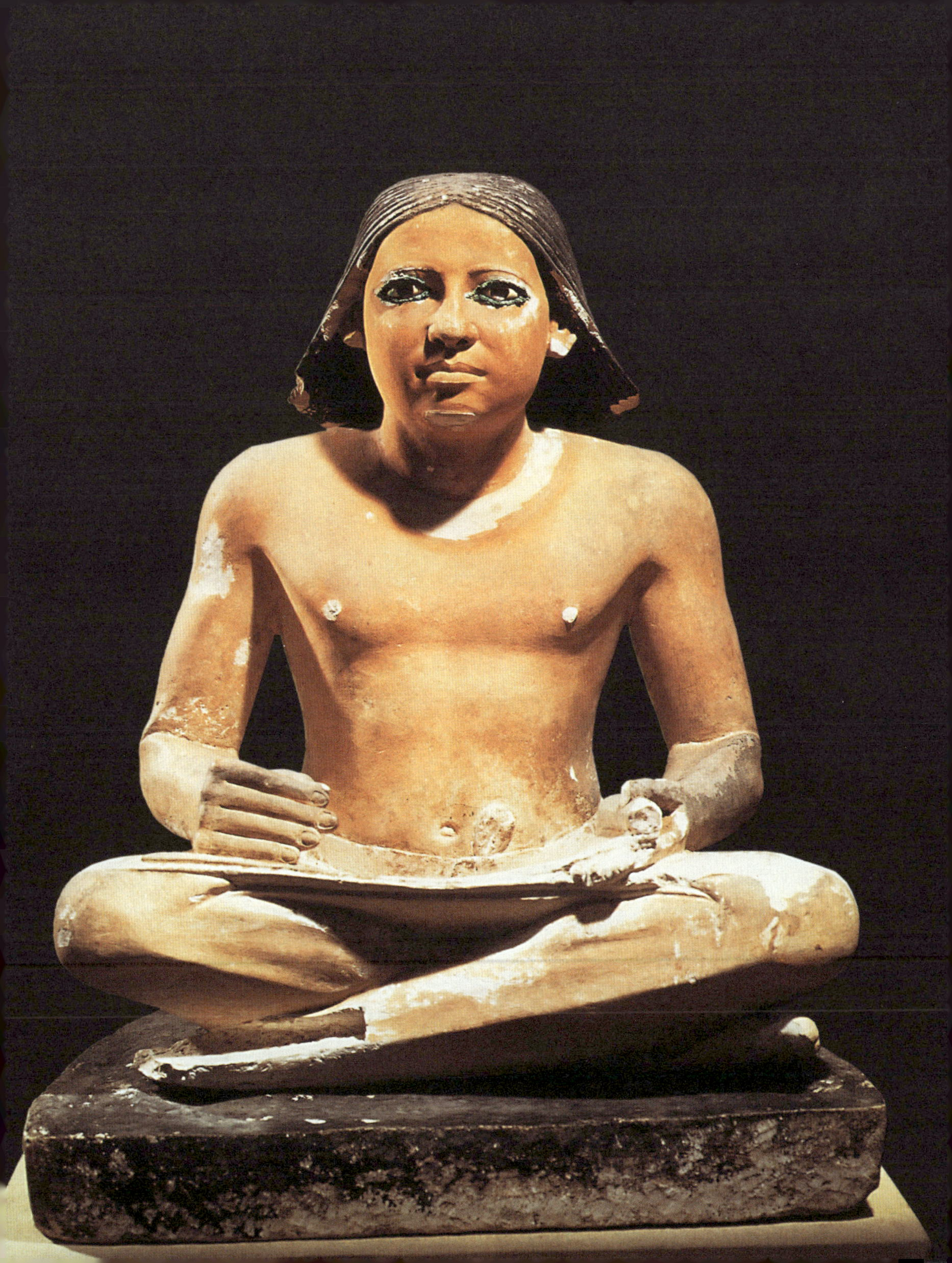

公元前 1000 年的埃及莎草纸

古埃及时代，识文断字是只有很少一部分人才能掌握的技能，古埃及人使用的文字比现在的文字要复杂许多。

古埃及人将他们的文字刻在石头上或写在纸上，不过他们用的"纸"和现代的纸不同。古埃及人的纸是将名为"纸莎草"的植物剥掉绿皮后削成片，然后互相交叉，反复捶打制作而成的，即"莎草纸"。大约公元前 3000 年，古埃及人就掌握了制造莎草纸的技术。之前只能刻在石头上的文字，现在可以更容易、更快捷地在莎草纸上被书写下来。很多之前没有办法记录的东西，比如各个地区粮食的收成、税赋的缴纳情况，以及人对世界的看法等，都可以在莎草纸上记录下来。为此，古埃及的政府还雇用了一批会读书写字的人，我们可以称之为"文书"或"书吏"，他们吃穿不愁，不用去做辛苦的体力活儿，甚至还不用纳税。可想而知，当时的老百姓都很羡慕这些只负责写字的官员。身为书吏，他们也为自己的职业感到骄傲。

不同角度的书吏像

这座书吏像表现的是一位文书官员，他盘腿而坐，上身直立，将莎草纸摊在双膝之间，一只手拿着纸卷的一端，另一只手捏着笔，放于纸上。他神情专注，一双眼睛炯炯有神，凝视着前方，仿佛正聚精会神地观察，并准备用手中的纸笔记录些什么。他头戴比较罕见的扇形假发，脖子上挂着本来应该是彩色的宝石和黄金组成的华贵项圈，宝石做成的瞳孔和铜线制成的眼线让他的眼睛看起来尤为生动。从这位无名的文书官员身上，我们可以看到古埃及人对文字读写能力的重视和尊重。这类书吏像从胡夫法老时期开始出现，在整个古埃及的历史中他们总是保持同样的动作和姿势，兢兢业业地用手中的笔记录下古埃及那些或神圣、或世俗、或重大、或日常的事件，让我们在几千年后的今天，还可以借此想象那时人们的生活。让我们尊重并赞美这些记录历史的无名者吧。

巴黎卢浮宫也有一座书吏像，他的身躯并不十分健壮，两个臂膀瘦弱细小，腰部似乎有一圈赘肉。其他的书吏像也呈现相同的特点，而且塑造的人物越年长，腰上的赘肉就越多。这充分说明了书吏这一职业不用从事体力劳动，却要长时间地坐着不动进行书写和记录的特点。

→ 像这样展开的扇形的假发确实不多见，男性戴的假发大多为紧贴头部的椭圆形形状。雕塑家用铜线表现书吏的眼线，因铜氧化而形成的绿色反倒让其更加显眼。书吏的脖子上本应挂着彩色的项圈，可能脱落了或被盗墓者窃取了

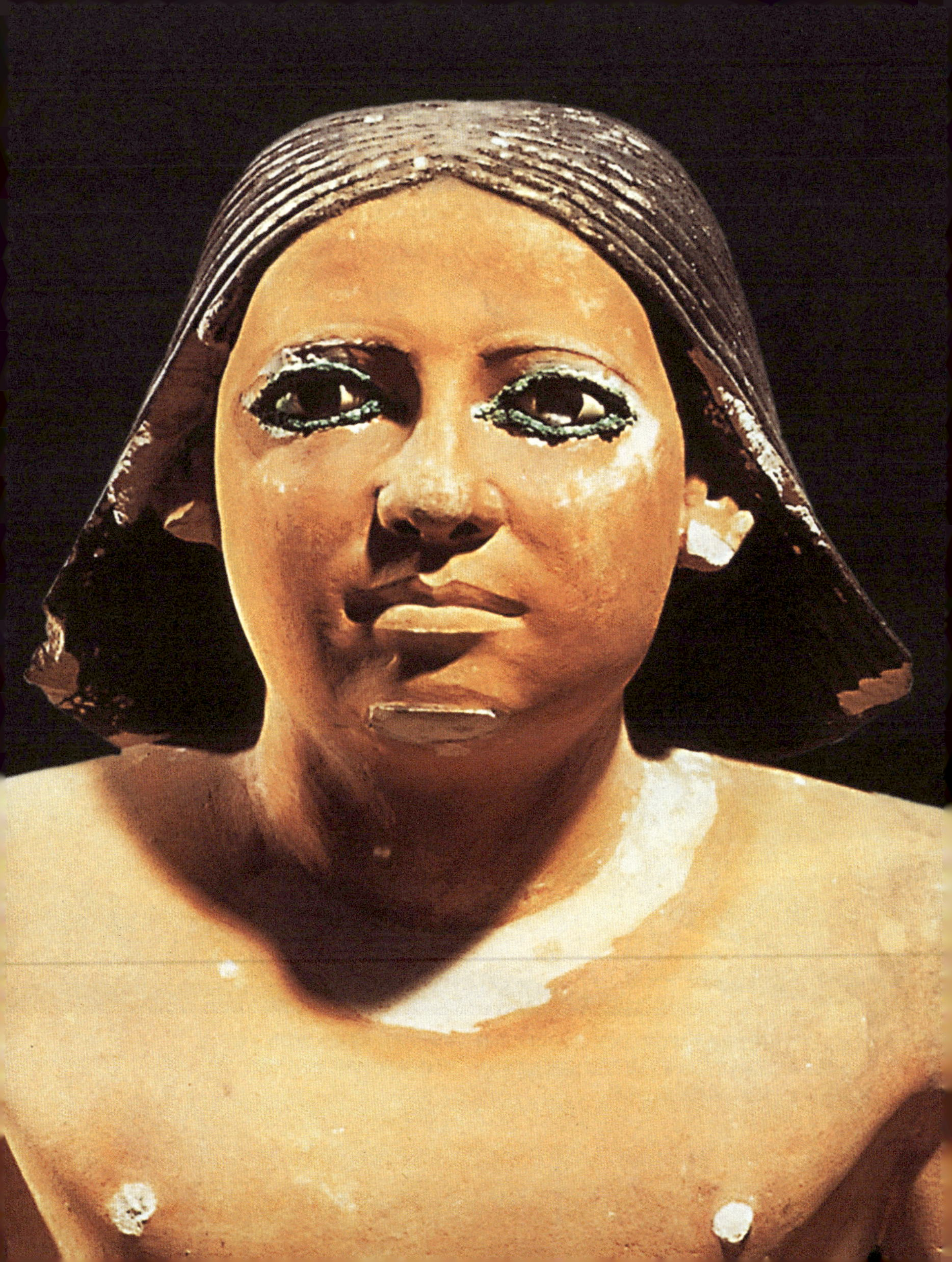

书吏的手中应该握着用芦苇制成的笔。由于角度问题,书吏所穿的"罗印·克罗斯"看不太清楚,但是我们可以清晰地看到他肚脐旁边的绳结。莎草纸卷刚好摊在他的"罗印·克罗斯"上,让他可以在平面上书写

盘腿而坐的书吏
出土于萨卡拉
公元前 2600 年—公元前 2350 年　高 53cm　石灰石彩绘
藏于巴黎卢浮宫

# 卡乌伊特石灰岩石棺

出土于德尔巴赫里，孟图霍特普二世神庙

公元前 2065 年—公元前 2014 年

高 119cm，长 262cm，宽 119cm

石灰岩

在埃及德尔巴赫里的孟图霍特普二世墓葬群中，人们发现了六位公主的陵寝，幸运的是，它们都未曾被盗墓贼侵扰。考古学家发掘了其中三个墓，出土了完好无损的三个石棺，上面的浮雕精美绝伦，为我们展现了约 4000 年前古埃及王室贵族的生活。

卡乌伊特就是这六位公主中的一位，她的石棺由石灰岩制成，石棺的一侧刻画着公主梳妆打扮的起居场景。卡乌伊特身着长裙"丘尼克"，脖子上戴着三重项链，头戴短假发套（正如之前提到的，古埃及贵族男女在正式场合均戴假发），端坐在椅子上，两名仆人一前一后服侍着她。公主身后的仆人用灵巧的双手打理着公主的假发，而另一位面对公主的仆人则将罐中的牛奶倒入碗中，他旁边的象形文字写出了他正在向公主说的话："为了你的'卡'（古埃及人将人的灵魂称之为卡）。"卡乌伊特公主听从了仆人的劝告，一只手拿着碗正要饮用，另一只手则拿着一面镜子，方便欣赏自己的妆容。在石棺的其他面上，卡乌伊特的仆人还用像鸟翅膀一样的扇子为她扇风，奉上涂抹身体的香脂。

和之前提到的纳尔迈调色板一样，这块浮雕也符合古埃及绘画的规律。中间的人是公主，她最重要，所以被刻画得最大、最高，即使坐着也比两个仆人高出半头。虽然椅子侧对着我们，但是卡乌伊特的上身却正面对着我们，两个仆人也是一样。雕刻这面浮雕的人一定是一位技术高超的艺术家，他能让坚硬的石头表现出仆人长裙包裹下的身体侧面的曲线，和公主一缕一缕的带卷假发。

对古埃及人来说，喝牛奶有着特殊的含义，因为古埃及人崇拜的女神哈索尔的化身是母牛，所以喝牛奶意味着将会得到女神的祝福。

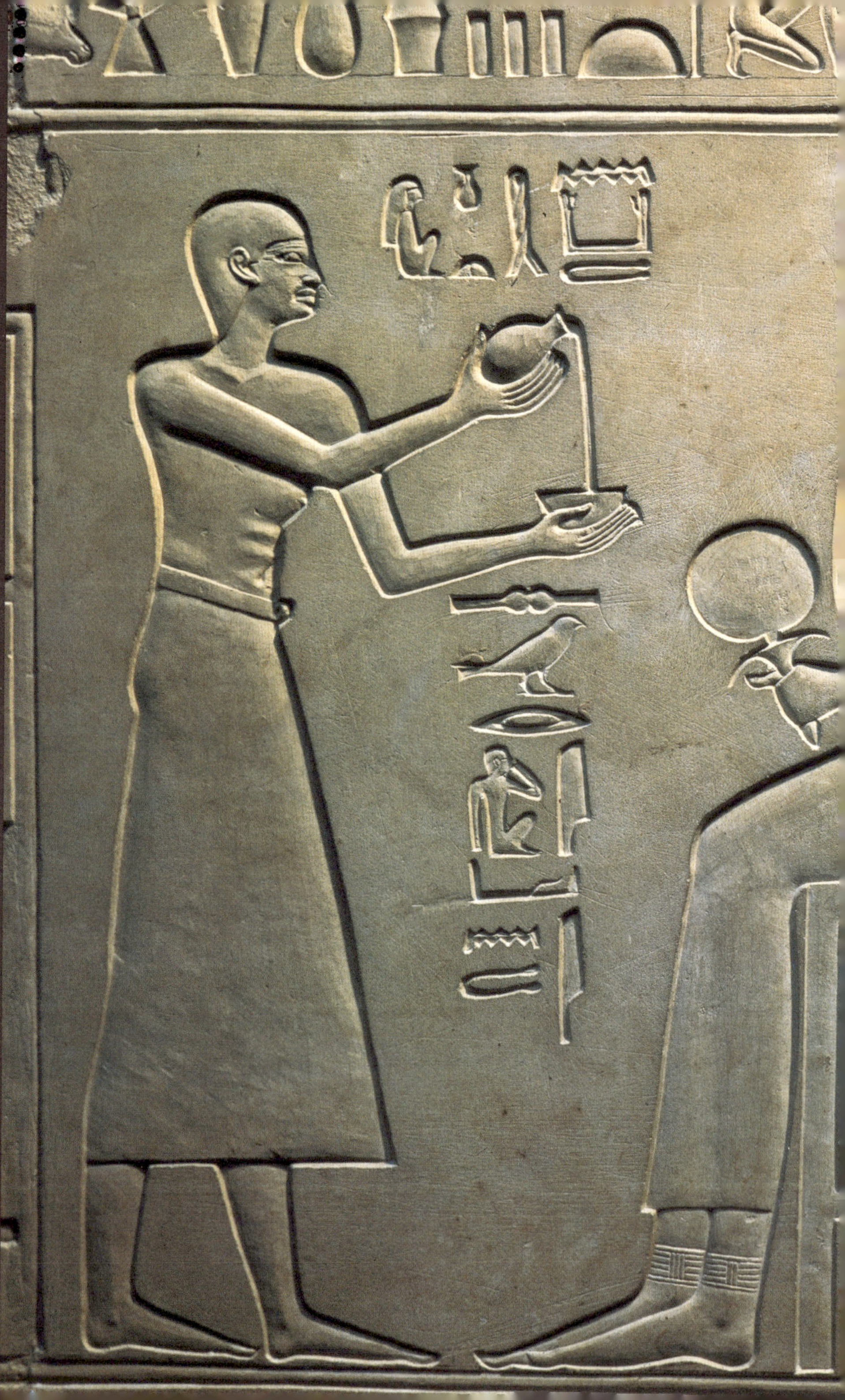

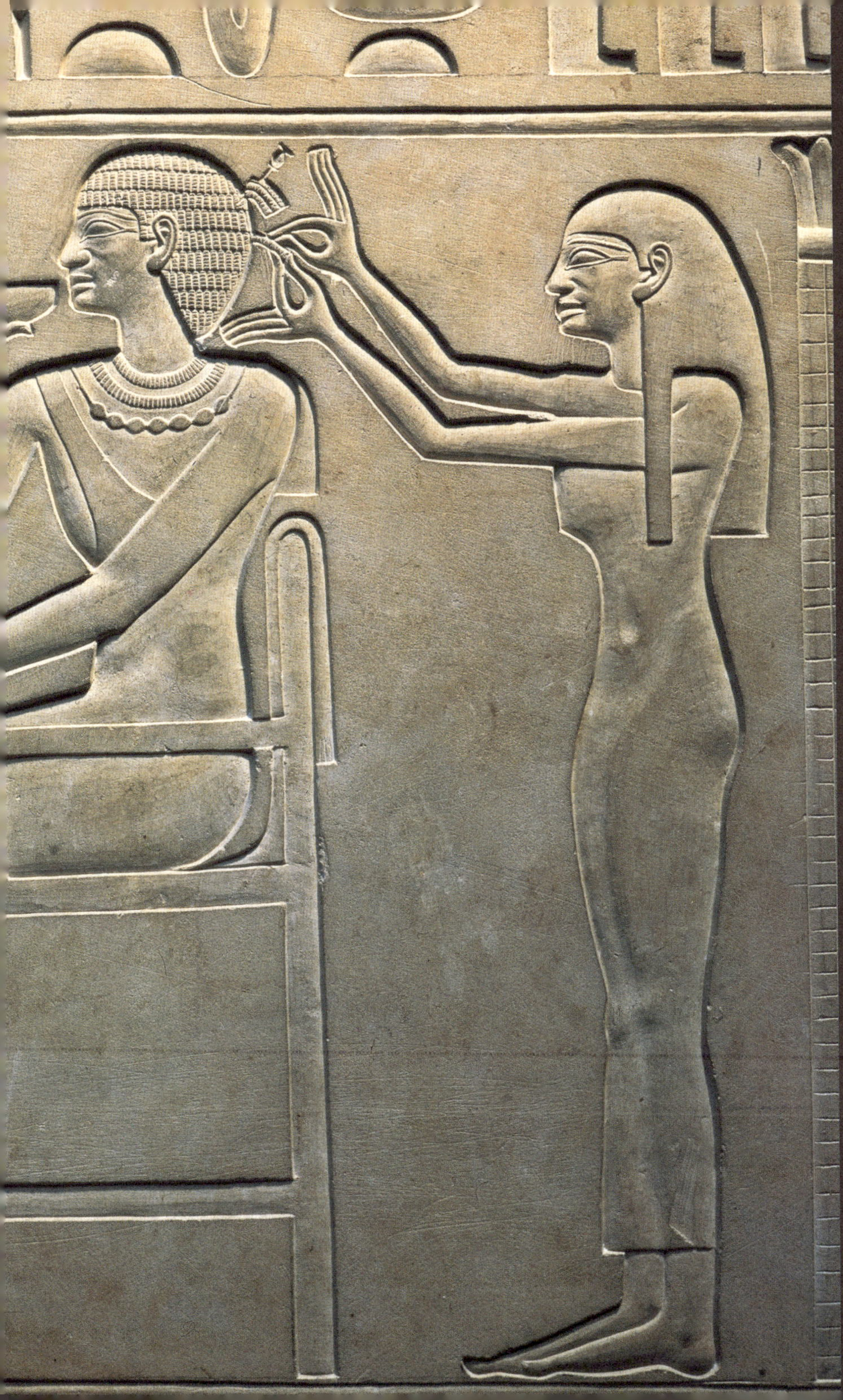

仆人旁边的象形文字写着他说的话

古埃及的艺术家将图像几何化的同时也绝不丢失细节，公主和仆人鼻子边的法令纹表明她们有了一定的年纪，这很可能是通过观察真人得来的。仆人仔细帮公主整理着带卷的假发

公主手中拿着的镜子，镜面由铜或者银打磨而成，手柄则是纸莎草的形状

# 埃及士兵与努比亚弓箭手

出土于亚西乌特,麦塞赫提墓

你知道秦始皇吗？他曾经率领秦国的军队，打败了当时的其他六个国家，成为首次实现中国大一统的皇帝。但是他不满足于自己活着的时候所建立的功业，想在死后的世界继续征战四方，对抗敌人。于是他命令陶工制作了数量庞大的陶土人俑——兵马俑——埋在自己的陵墓旁，希望这些陶土做的士兵可以像秦国的军队一样英勇作战。秦始皇的这种想法不难理解，实际上，世界上的很多统治者都制作过类似的人俑，让它们在其死后的世界保卫自己。

在古埃及，有一位地方长官名叫麦塞赫提，在他的墓中就有一支木头士兵组成的军队，只是规模比秦始皇兵马俑小很多，士兵的个子也比较矮小。这些栩栩如生的木俑可以帮助我们了解当时士兵的样子。

麦塞赫提的这支"军队"由 80 个木头士兵组成（图中只显示了部分），分为两支，40 个埃及士兵手执盾牌和长矛，40 个努比亚弓箭手手执长弓和箭矢。士兵们 10 个一列，共排成 8 列，队列整齐，好像正等待长官的检阅。仔细观察，木质的埃及士兵被涂成深棕色，裹着传统的白色缠腰布，手中的盾牌和长矛表明他们要和敌人短兵相接，他们的任务是在战场上用长矛近身搏杀，或是将盾牌一字排开，进行防御。木质的努比亚士兵被涂成更深的黑色，他们裹着彩色的缠腰布，一条饰带垂在身前。历史上，努比亚是埃及附近的国家，和埃及的关系时好时坏。相传努比亚士兵都以弓为武器，在埃及语中，努比亚被称为"弓之国"，可见努比亚人的弓箭之厉害。

埃及士兵
公元前 2135 年—公元前 1994 年
高 59cm，长 169.5cm，宽 62cm　木质彩绘

虽然这些木质士兵俑的动作基本一致，但如果我们仔细观察，就会发现每个士兵都有些微不同。埃及士兵的盾牌花色不同，这是为了模拟包裹盾牌的动物毛皮的不同花纹；努比亚士兵的缠腰布则有不同的颜色。塑

努比亚弓箭手
公元前 2135 年—公元前 1994 年
高 55cm，长 190.2cm，宽 72.3cm　木质彩绘

造这些士兵的工匠给每个士兵都赋予了一定的个性，让他们的身高和样子都稍有不同，以便更符合实际，也更富有生气。

无论是埃及士兵还是努比亚士兵都没有穿盔甲,这可能和天气及军队的任务有关。工匠将每个士兵的个头都塑造得有些许不同,每个士兵都有自己的个性。工匠在盾牌上装饰不同的图案,以模拟包裹盾牌的动物毛皮的不同花纹

努比亚士兵留着好似头盔般的古埃及传统发型，头发上的白圈可能是为了表现黑发的光泽。他们手执弓和箭，负责远程攻击。他们裹着彩色的缠腰布，一条有几何图案的饰带垂在身前

# 刻有祭拜阿顿神场景的浮雕

出土于阿玛尔那,王室墓葬区
公元前 1350 年—公元前 1333 年
高 53cm,宽 48cm,厚 8cm
石灰岩彩绘

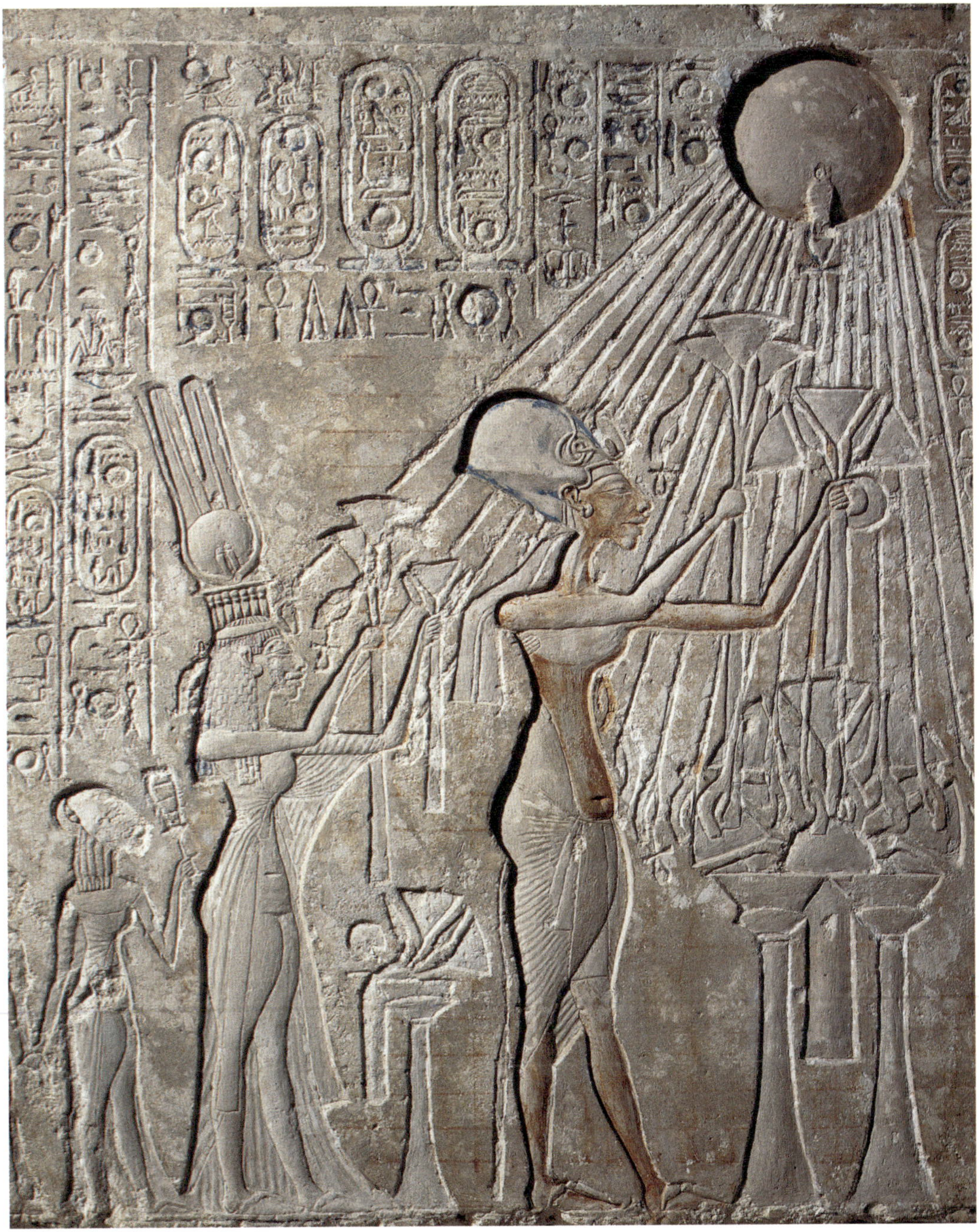

埃赫那顿时期崇拜的太阳神阿顿没有像一般的古埃及神明那样有动物头和人身，而是由一个象征太阳的圆盘和无数象征光芒的线条构成的

在古埃及，法老是对国王的尊称，被认为是神灵在人间的代言人。法老地位崇高，自称"太阳神之子"。在古埃及漫长的历史中，有一位法老本名叫阿蒙霍特普（此处指阿蒙霍特普四世），但他自己改名为埃赫那顿，意为"侍奉太阳神的人"。

由于埃赫那顿时期进行了一系列政治上的改革，强制推行对独一太阳神阿顿的崇拜，所以艺术风格也产生了巨大的变化，刻画人物的线条不再直来直去，而是变成了优美的曲线，人物的形象和动作都更为生动，画面的内容也更加多样。这幅浮雕出土于埃赫那顿的陵墓，刻画的是埃赫那顿一家人祭拜太阳神的场景。在这里，太阳神就是那个圆圆的太阳，它发出的每条光线都变成了带有手掌的长长的手臂。

浮雕中的埃赫那顿及其家人依然根据古埃及的绘画法则由大至小排列，但是他们的身体却让人感觉有些怪异，像缺乏锻炼的人那样肚子突出，屁股和大腿肥大，小腿和上身却很瘦弱，看起来很不协调，和以往的古埃及浮雕完全不同。不仅如此，法老的嘴唇厚实，下巴突出，让人好奇历史上真实的埃赫那顿到底是什么样子，只可惜我们现在还不知道答案。

太阳神阿顿的每道光芒都化为带有手掌的长长的手臂，一些手掌拿着生命和权力之符，象征对法老一家的赐福

法老一家的形象遵循古埃及的绘画法则，男性皮肤颜色更深，人物大小根据重要程度来排列。法老的眼睛狭长，嘴唇厚实，下巴小而短，脖子细而弯曲，让人好奇他的真实面容。法老的身材也有着埃赫那顿时期的独特风格，腰很细，肚子胀大下垂，臀部和大腿肥大，而小腿又很细

更令人惋惜的是，埃赫那顿的改革并不成功，在他去世后埃及又回到了以前的样子。同样，埃赫那顿时期的艺术风格也没能延续，古埃及人又重新回到了已经走了千年的老路上，并且还要继续走下去。

站在埃赫那顿旁边的是他的王后奈菲尔提蒂，考古学家发掘出的许多她的头像雕塑都显示这位王后极其美丽。这也侧面说明了浮雕中的人物形象可能与真实相貌有差别。

→ 奈菲尔提蒂

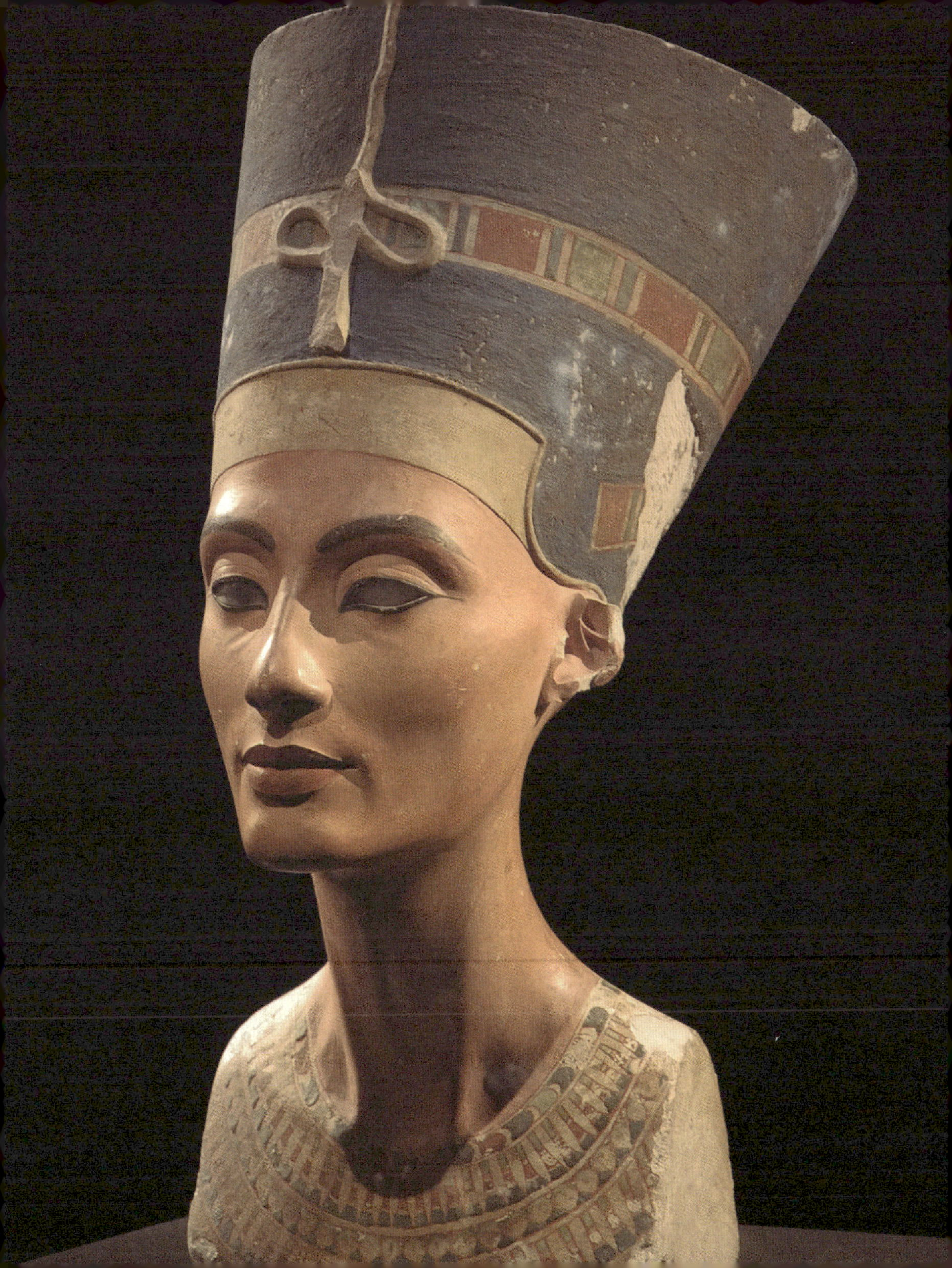

# 图坦卡蒙黄金面具

出土于帝王谷，图坦卡蒙墓
公元前 1333 年—公元前 1323 年
高 54cm
厚金板、天青石、肉红玉髓、黑曜石、绿松石和玻璃

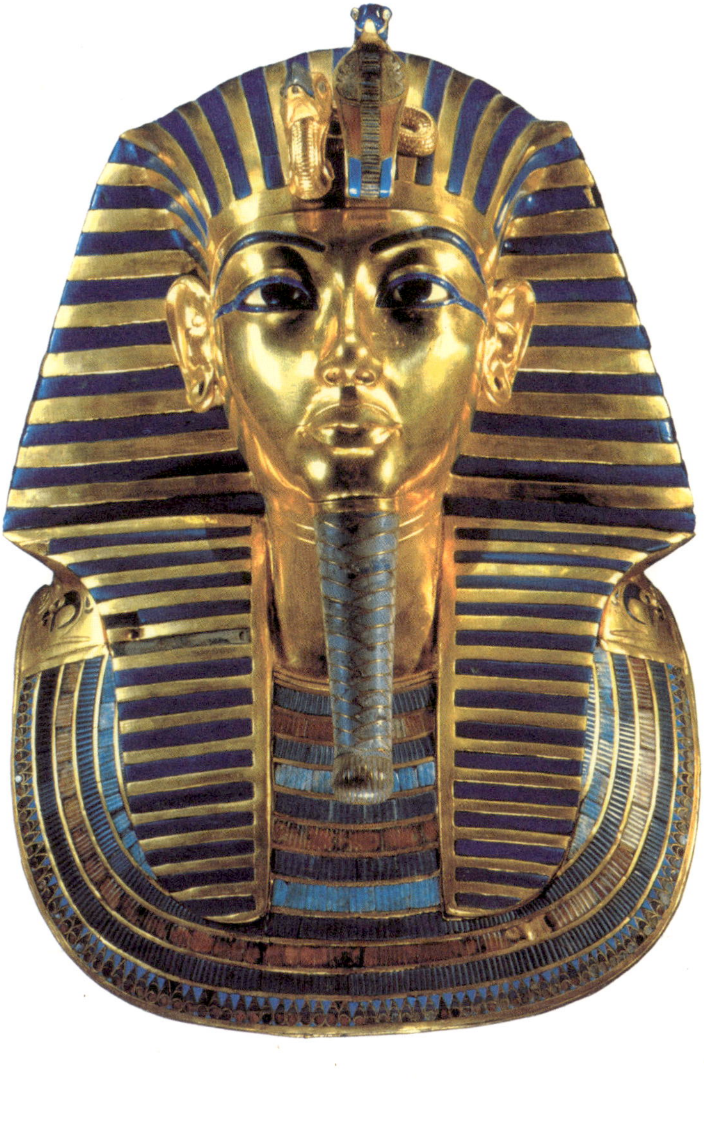

1922 年，英国考古学家霍华德·卡特经过锲而不舍的寻找，终于在盗墓贼猖獗的帝王谷找到一座从未被发现的墓室。墓室的石门上刻有象形文字，他从中辨认出法老图坦卡蒙的名字，认定这座墓室一定藏有大量随葬品，便组织考古人员一起打开了这座 3000 多年来从未被开启的墓室。果然，墓室中出土的文物奢华无比，堪称古埃及之最。黄金包裹的座椅和雕塑，雪花膏石制成的精美用具，以及多种宝石镶嵌的饰品，令人叹为观止。而盛放图坦卡蒙木乃伊的内棺更是用重达 110 千克的纯金打造，这震惊了世界。在这批随葬品中，覆盖在木乃伊头部的图坦卡蒙黄金面具因其珍贵的价值和艺术成就，成为最为人熟知的代表性文物。今天，它甚至成了古埃及文化的符号，享誉世界。

图坦卡蒙黄金面具表现的是戴着内梅什巾冠的图坦卡蒙。人们推测，这位年轻的法老是埃赫那顿的儿子。面具呈现出的法老面庞优雅匀称，仍带有埃赫那顿时期的风格。一条眼镜蛇和一只秃鹫从头冠上向前探出，那是瓦吉特女神和奈赫贝特女神的化身，它们保护着法老。面具将贵重的金属材料和多彩的宝石相结合，古埃及的铸造镶嵌工艺和艺术水准在图坦卡蒙黄金面具上达到了巅峰。法老头戴的内梅什巾冠是王权的象征，巾冠上的蓝色条纹使用了大量青金石，与金色对比更显得颜色深邃鲜亮。胸甲下半部分的彩色条纹则由不同颜色的宝石打磨后镶嵌而成，它们整齐密集地排列成 12 圈，将法老的尊贵奢华显露无遗。

面具额前的眼镜蛇和秃鹫象征着瓦吉特女神和奈赫贝特女神，它们保护着法老。法老的眼珠由黑曜石制成，眼白则由石英石制成，眼角淡淡的红色使其栩栩如生

我们不禁好奇，图坦卡蒙为何要使用价值连城的黄金和宝石来打造这个面具？其实，不仅是图坦卡蒙，无论是法老还是一般的贵族，都会制作这样的面具。考古学家对这些覆盖在木乃伊上的面具的用途提出了一种猜想：古埃及人相信，如果人死后躯体得到妥善的保存，那么他的灵魂白天可以离开没有生气的木乃伊，重见阳光，在天空中飞翔，夜间再回到墓室与躯体团聚。除了为木乃伊制作的面具，其他体现墓主人面相的随葬品，如雕塑，也有类似的用途。

柱状的胡须也是法老王权的象征，图坦卡蒙的胡须曾被博物馆的工人碰掉了，后被修复。面具双肩上各有一只鹰神荷鲁斯的头像，项圈是由 12 圈彩色的贵重宝石排列而成，最外围则是水滴形的吊坠

你可能在别处见到过图坦卡蒙黄金面具的正面图片，但是你见过面具的背面吗？瞧，背面实际上与肩部连成一体，上面刻满了象形文字。这些取自古埃及亡灵书中的语句，被认为蕴含着某种魔力，可以帮助图坦卡蒙在死后世界获得平静和永生。

面具的背面刻有大量的象形文字，这些文字被认为蕴含着某种魔力，可以帮助图坦卡蒙在死后世界获得平静和永生

# 皮努杰姆一世的亡灵书

出土于底比斯，德尔巴赫里合葬墓
公元前 1060 年—公元前 1020 年
37cm×450cm
莎草纸

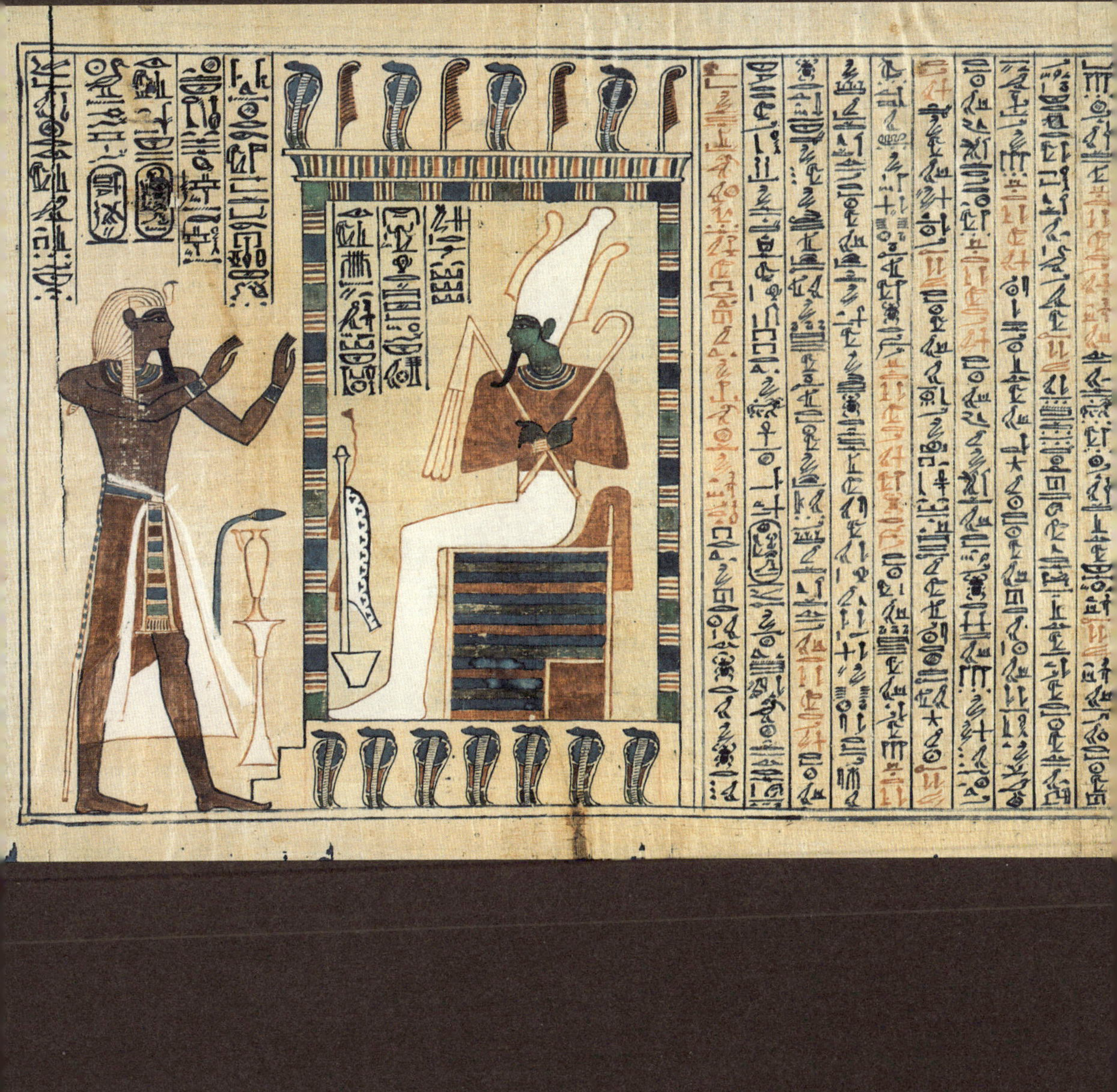

在古埃及人眼中，几乎一切事物的背后都有神的存在，他们所崇拜的神明的数量令我们叹为观止，大约有 2000 位神在古埃及历史上出现过，有 80 多位神拥有多处以自己名字命名的圣坛和神庙，如果把宗教信仰和神话两方面的证据放在一起，那么大约有 30 位神可以称为古埃及的主神。在古代埃及纷繁复杂的众多宗教神话之中，奥西里斯神话有其自身的独特性。虽然奥西里斯神从未像太阳神那样获得显赫尊崇的地位，但他作为古埃及神话中的植物神、尼罗河水神，亦为阴间判官，却在古埃及 3000 年的历史中受到各个阶层的崇拜，从未间断。

画面中展示的是一卷亡灵书的一部分，我们可以把它看作墓室壁画或浮雕的替代品。除了王室贵族外，其他人没办法花那么多钱去请工匠在自己的墓室里描绘精美的图画，以获得去往来世的祝福。他们选择将这些图画画在莎草纸上，再把这卷纸放入棺材或卷入木乃伊，以此来获得与墓室壁画及浮雕同样的效果。这份亡灵书属于皮努杰姆一世，画面左侧站着的人就是他。我们可以看到他和图坦卡蒙一样，头戴内梅什巾冠。他对面坐在高台上正在听他讲话的神，就是深受古埃及人民信奉和崇拜的奥西里斯。

在古埃及神话中，奥西里斯曾经被敌人杀害，他的妻子伊西斯想尽办法将他复活，并生下了儿子鹰神荷鲁斯，他们三人是古埃及神话中最重要的一家人。奥西里斯复活后成为死后世界的统治者，由于他是从木乃伊中复活的，所以在画中，他总是双脚并拢，并将全身或者腿部涂成白色。他双手交叉，手执连枷和权杖——象征着统治者的权力。古埃及人认为奥西里斯应该拥有绿色或者黑色的皮肤——绿色是沙漠中植物的颜色，象征着生命力；而黑色则是尼罗河底河泥的颜色，象征着丰收与繁荣。

皮努杰姆头戴内梅什巾冠，装扮成法老的样子，但实际上他只是底比斯的祭司。在一些亡灵书中，死者是由女神伊西斯或其他神灵引荐给奥西里斯，而这里的皮努杰姆却独自面对奥西里斯，表现出对权力的自信

奥西里斯手持连枷和权杖,坐在皮努杰姆对面的高台上听他讲话。他双脚并拢,腿部被涂成白色

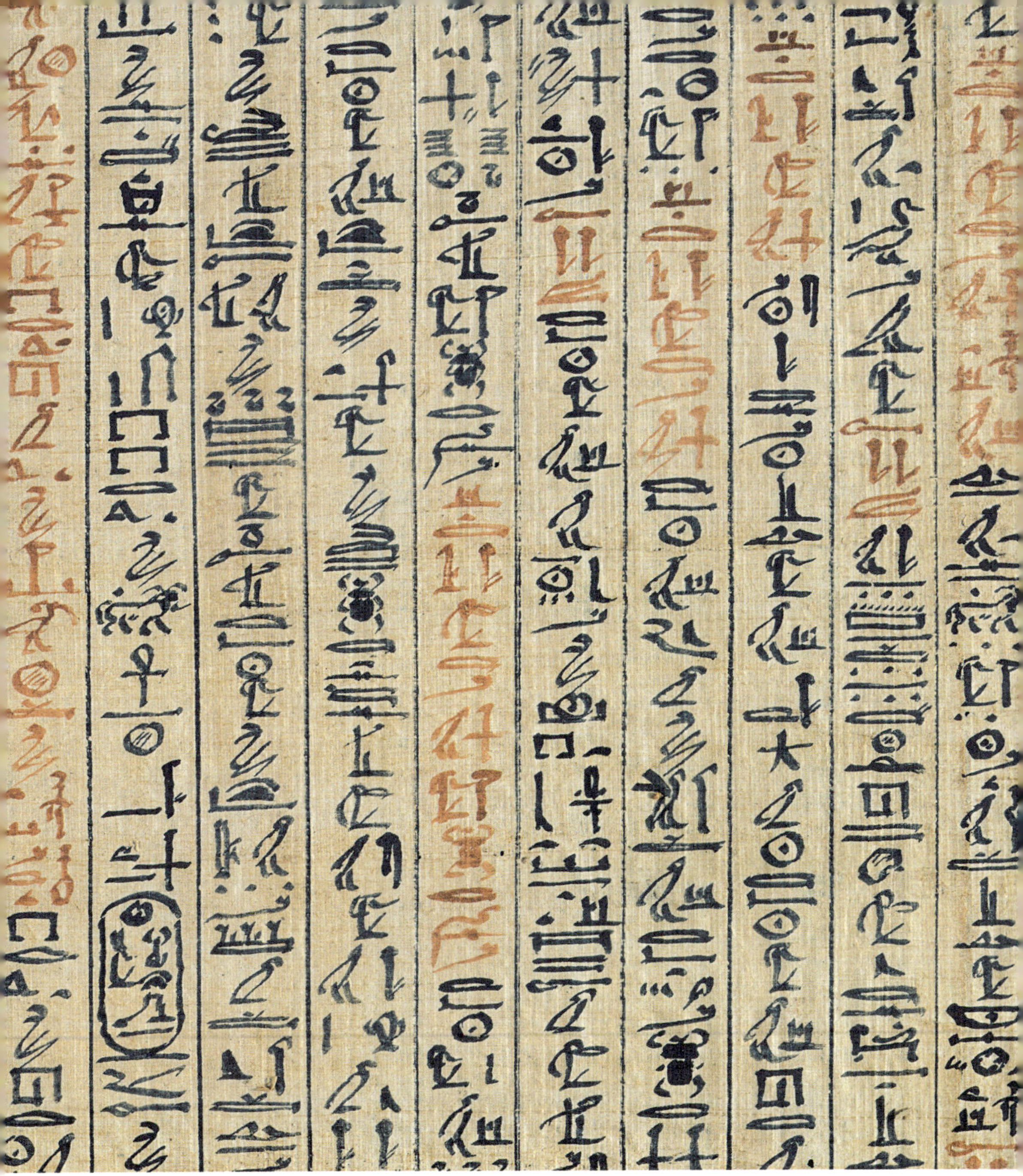

# 年轻女子的肖像画

出土于哈瓦拉
2 世纪
42cm×23cm
蜡版画

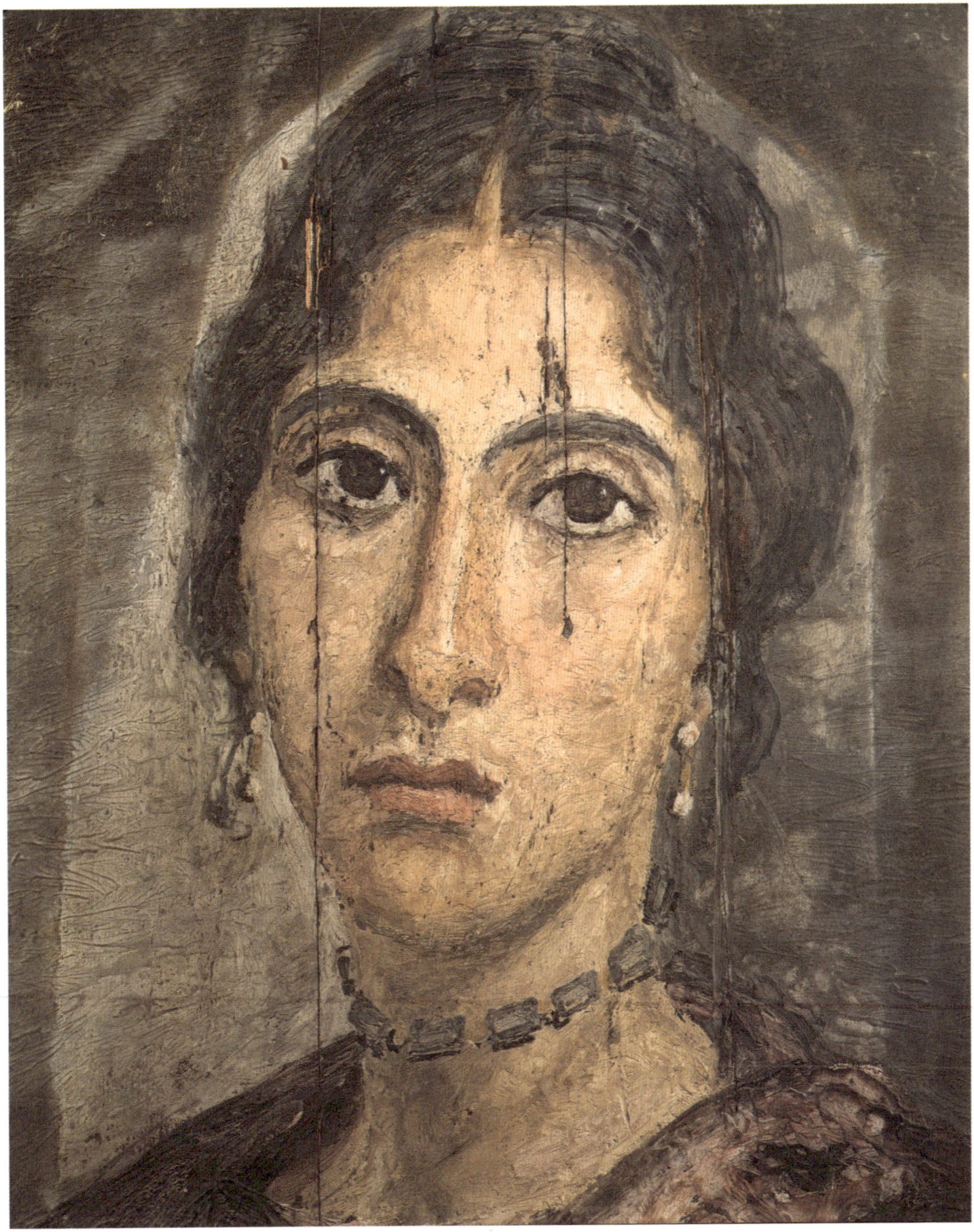

在古埃及末期，由于国家实力下降，战乱不断发生，尤其是埃及与波斯之间。直到公元前332年，亚历山大大帝打败了强大的波斯帝国，这场持续了200多年的争斗才得以停止。年轻的亚历山大大帝在尼罗河三角洲建立了亚历山大城，成为埃及的法老，并用希腊模式对埃及进行了改革。但他尊重埃及人民之前的信仰和生活习惯，埃及的神庙和风俗得以保留。亚历山大并没有在埃及待很久，第二年他便起兵去征服更远的国家。虽然他的人生在不久之后便走到了终点，但是他带给埃及的影响是不可磨灭的。

在亚历山大统治埃及后，许多希腊人来到埃及生活，埃及受到了希腊文化的冲击，传统艺术风格也同样受到了影响。这幅木板上的肖像画就是希腊文化影响埃及的一个例子。画中的这位女子可能是一位具有希腊血统的埃及贵族。她的耳垂上挂着珍珠耳坠，脖子上戴着宝石项链，这些价值不菲的饰品表明了她的贵族身份。脑后盘起的头发和宽松的服饰，使她看起来更像我们印象中的希腊人。这位贵妇人的表情带有些许悲伤，注视着正在看着画面的人们。

仔细看，在这幅画中，古埃及艺术的"正面律"等法则统统不见了，取而代之的是极为希腊化的艺术风格。光从画的右上方照射过来，在女子的鼻梁上和脖颈上投下阴影，也使得画面左侧眼窝和嘴唇的阴影比右侧

→ 光从画的右上方照射过来，在女子的鼻梁、眼睑、嘴唇旁投下阴影

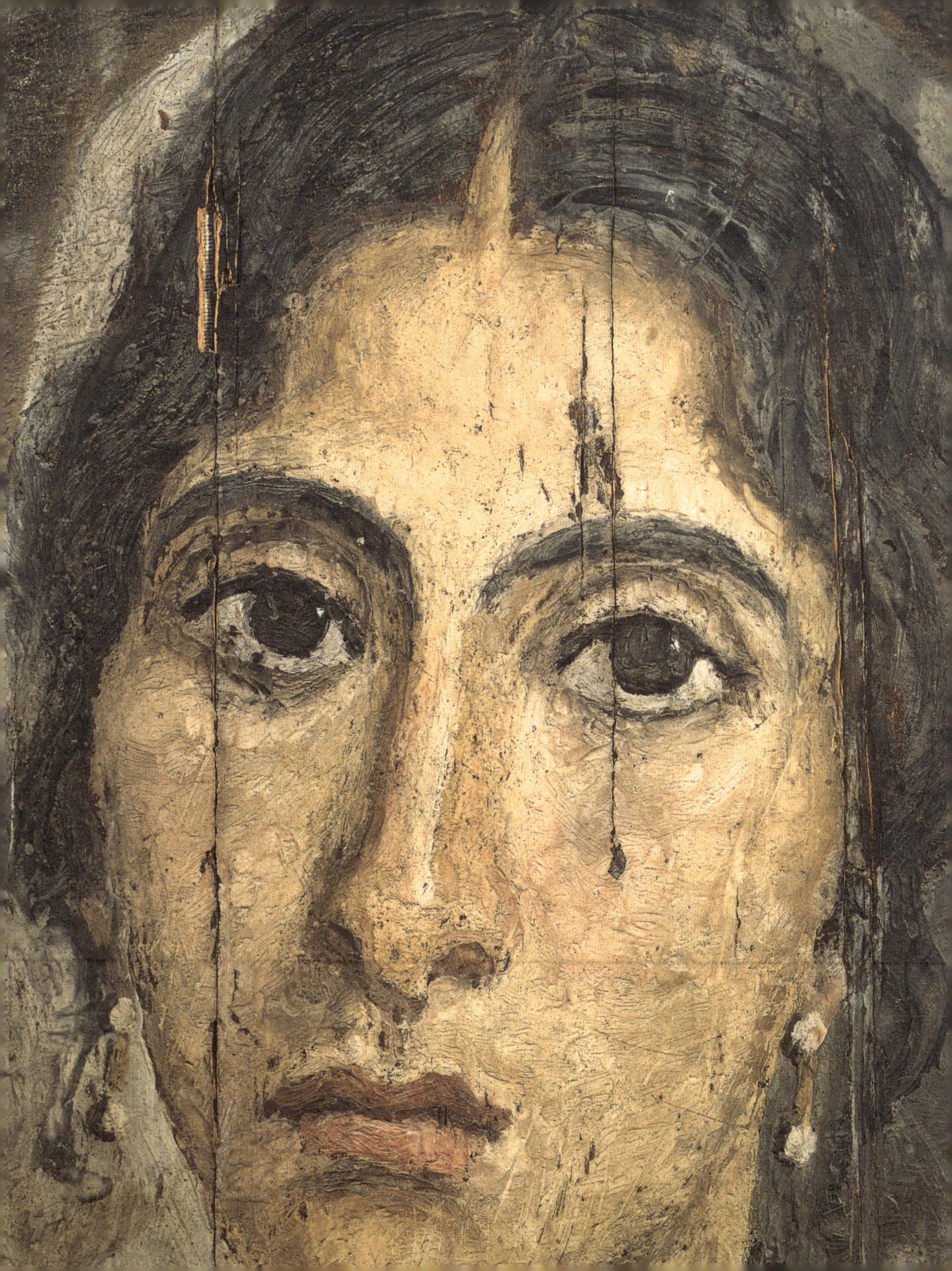

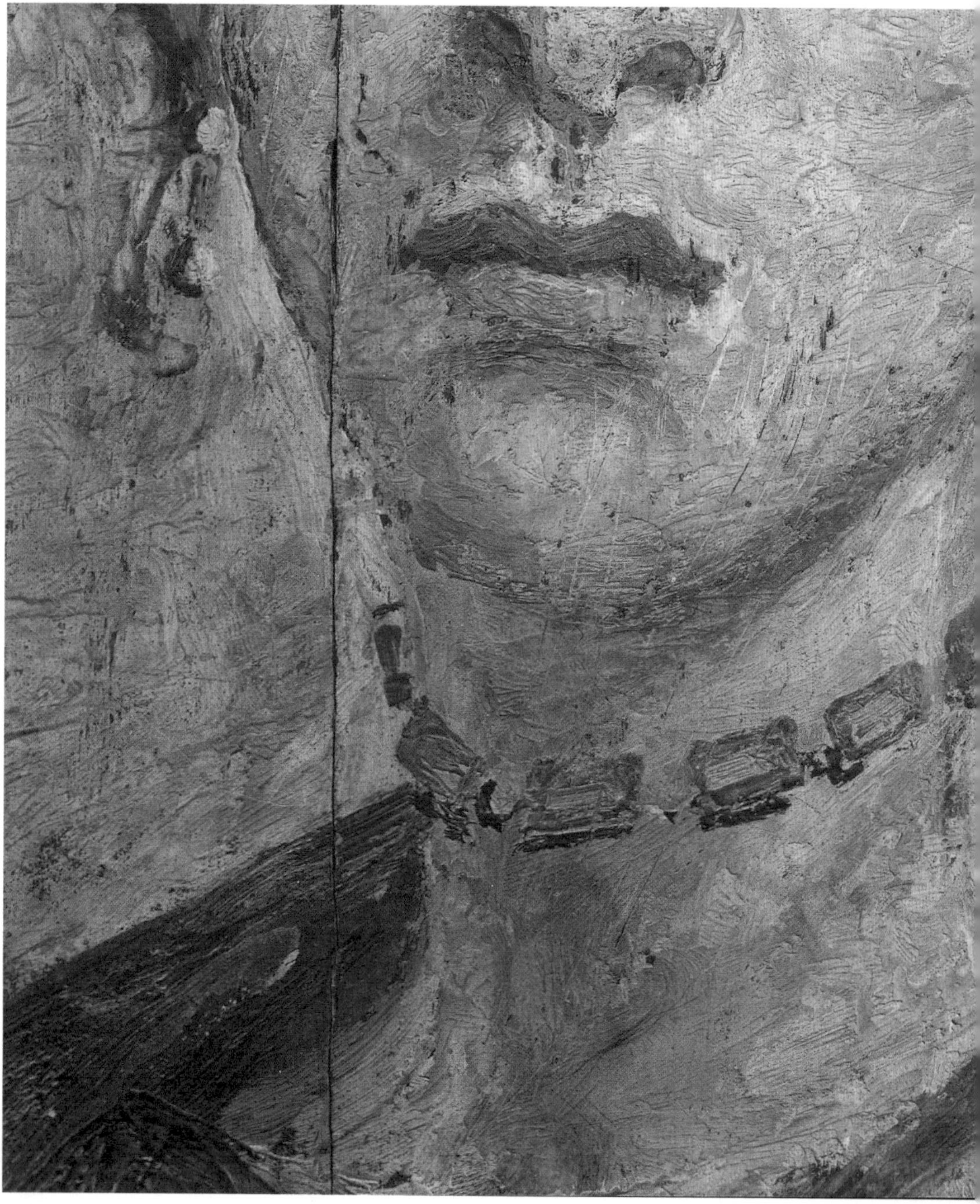

的更深。正是这种亮与暗的变化，令人感觉她好像在一个真实的空间里看着观众。这幅画虽然看起来很像我们常见的欧洲肖像画，但其用途却与埃及文化一脉相承。这幅画与图坦卡蒙黄金面具一样，是为了永远保存主人的面容而被创作出来的。对古埃及人来说，生命的诞生和消逝，与太阳的东升西落一样自然。太阳每日的升起与落下，农作物随着季节的生长，尼罗河年复一年的泛滥，都使他们更了解这一点。无论生前贫富贵贱，所有人都要来到冥界之主奥西里斯面前接受心灵的审判。死亡在他们眼中，只是另一段旅途的开始。

女子穿着的服饰应该不是埃及传统服饰，更像希腊服饰。珍珠耳坠和宝石项链表明了她尊贵的身份

IMPERIVM HABVERVNT
MEMPHIDE

IMPERIVM HABVERVNT
THEBIS